건강한 조직 만들기

조직에 대한 이해와 혁신

한국 아나뱁티스트 출판사 Korea Anabaptist Press 는 기독교 신앙을 아나뱁티스트 관점에서 소개하는 문서 선교 사역을 합니다. 특히 그리스도인의 신앙과 삶의 기초를 재세례 신앙의 제자도·평화·공동체를 통해 발견하며, 하나님 나라를 이루어가는 성경적 비전을 회복하고자 노력합니다. 한국 아나뱁티스트 출판사가 발행하는 도서는 각 분야별 시리즈로 구성됩니다.

KAP 정의와 평화 실천 시리즈 09

건강한 조직 만들기

지은이	데이비드 브루베이커 & 루스 후버 지머먼
옮긴이	김홍석

초판발행	2016년 5월 6일
펴낸이	김복기
제작	대장간
등록	제364호
펴낸곳	Korea Anabaptist Press www.kapbooks.com
주소	강원도 춘천시 춘천로 34, 3층
전화	(033) 242-9615
영업	전화 (042) 673-7424 전송 (042) 623-1424
분류	공동체	조직
ISBN	978-89-92865-25-8 03330

값 7,000원

건강한 조직 만들기

조직에 대한 이해와 혁신

데이비드 브루베이커 & 루스 후버 지머먼 지음
김흥석 옮김

THE LITTLE BOOK OF HEALTHY ORGANIZATIONS
Copyright © 2009 by Good Books, Intercourse, PA 17534 USA
Korean Copyright © 2016 by Korea Anabaptist Press

이 책의 한국어판 저작권은 Korea Anabaptist Press가 소유하고 있습니다.
출판사의 승인 없이 이 책의 내용이나 표지 등을 복제·인용할 수 없습니다.

차례

이 책에 대하여 ················ 7
글쓴이 소개 ················ 10
한국 독자들에게 ················ 13

제1장 나무와도 같은 조직 ················ 14
제2장 구조_나무의 뿌리 ················ 21
제3장 지도력과 권위_나무의 기둥 ················ 34
제4장 문화_나뭇가지와 나뭇잎 ················ 46
제5장 환경_주어진 여건 ················ 61
제6장 변화_성장과 쇠퇴 ················ 73
제7장 갈등_궂은 날씨와 폭풍 ················ 86
제8장 결론 ················ 101

참고 도서 ················ 105

이 책에 대하여

　우리는 살아가면서 비영리 단체, 영리 단체, 정부 단체에 이르기까지 수많은 조직을 접하게 된다. 그런데 우리가 단순히 조직 안에 그저 소속되어 있는 것은 아니다. 흔히 말하는 '요람에서 무덤까지', 즉 태어난 병원을 비롯해 죽기 전에 머무는 요양원까지 우리가 경험하는 다양한 조직은 우리의 정체성에 큰 영향을 미친다.
　이러한 조직은 우리 인생에 매우 중요한 부분을 차지하고 있기 때문에, 우리는 조직이 우리에게 미치는 영향에 관심을 기울일 뿐만 아니라, 그 안에서 우리가 좀 더 만족을 느끼고 성장할 수 있도록 해당 조직을 건강하게 만드는 방법에도 신경을 쏟는다. 만약 우리가 몸담고 있는 다양한 조직이 더욱 건강해진다면 우리의 가정과 사회도 더욱 건강해질 것이다. 필자는 조직(단체, 기관 등)을 건강하게 만들기 위해 이 '정의와 평화 실천 시리즈'를 발간하게 되었다.

이 책은 비영리 단체, 영리 단체, 공공 단체를 포함한 여러 조직의 지도자를 염두에 두고 기획되었다. 이 책에서 말하는 지도력이란 상위 관리자들의 경영 조직과 이사회의 거버넌스 역할 모두를 뜻한다. 이 두 그룹이 서로 다른 역할을 담당하기는 하지만, 이사회와 관리자는 모두 조직의 지도자이다. 종교 단체라면 사역자는 물론 회중에서 선출된 평신도 대표들도 지도자가 될 것이다. 여러 조직에서 직접 활동하면서 얻은 경험과 조직의 지도력에 대한 연구를 통해, 필자는 능력 있는 지도자란 다음의 세 가지 격언을 잘 따르는 사람이라고 생각하게 되었다.

1. 너 자신을 알라.
2. 너의 조직을 알라.
3. 네가 속한 환경을 알라.

'정의와 평화 실천 시리즈'는 우리가 속한 조직을 유기체적으로 이해하고 그 조직에 영향을 끼치는 다양한 외부 환경을 인식하는 데 도움을 주기 위해 기획되었다. 첫 번째로 거론한 '나 자신'에 대한 자각의 여정은 이 책의 범주 밖에 있으므로 이에 대해서는 주위의 상담가, 조언자 또는 영적 지도자들의 도움을 받는 것이 적절할 것이다.

단체 또는 조직에 대한 연구에서 '구조론적 접근법'을 사용한다는 의미는 무엇일까? 우리가 이해하는 조직은 살아 있고 서로 소통하고 외부 환경에 열려 있는 유기체이다. 조직이 살아 있는 유기체라는 말은, 조직이 처음에 생명체와 마찬가지로 태어나서 성장하고 언젠가는 그 생명을 마감할 것이라는 의미이다. 또한, 조직을 단지 외부 환경의 영향을 받기만 하는 것이 아니라 외부 환경에 영향을 미치는 열려 있는 체계로 이해한다는 것을 의미한다.

마지막으로 이 책에 수록된 사례들에 대하여 언급하려 한다. 이 사례들은 필자가 몸담았거나 연관이 있었던 단체와 조직에서 실제 있었던 이야기이다. 그중 다수가 이스턴 메노나이트 대학교 Eastern Mennonite University, EMU의 '정의와 평화 실천 센터 Center for Justice and Peacebuilding, CJP'에서 경험한 일들이다. 또한, 단체를 이끄는 독자들이 더 많은 공감을 하리라 생각하는 마음에서 희망을 주는 이야기뿐만 아니라 시련과 실패의 경험도 함께 소개했다.

글쓴이 소개

이 책은 필자의 경험을 바탕으로 쓰였기에 필자의 배경에 대해 설명하는 것이 독자들에게 도움이 될 것이다.

데이비드 브루베이커 David Brubaker

나는 1980년도에 경영학 학사 학위를 받았고, 2년 뒤에는 브라질에서 메노나이트 중앙위원회의 프로그램 실무자로 일했다. 3년간 일하면서 내가 경영과 관리에 대해 얼마나 무지한지 깊이 자각한 후, 펜실베이니아 주의 이스턴 대학교로 돌아와 경영대학원에서 수학했다. 경영대학원 학업과 수년간의 실무 경험 덕택에, 이후 애리조나 주에 있는 '희망의 씨앗'이라는 지역 개발 단체의 총책임자로 5년간 일하게 되었다. 애리조나 주에서 일하면서 나는 일터에서의 중재 및 조직 변화, 조직 갈등에 관한 상담, 지도력에 관한 쟁점들을 중점적으로 다룰 수 있었다. 이 경험을 통해 조직 문제에 대해 큰 관심을 갖게 되어 1997년 애리조나 대학교에서 박사 학위(조직사회학) 공부를 시작했다. 이후 2004년에 버지니아 주에 있는 이스턴 메노나이트 대학교의 '정의와 평화 실천 센터CJP'의 교수진으로 합류했다. 이 책은 그동안의 연구와 실무 경험을 통해 발전시킨 유기체적 조직론을 바탕으로 기술되었다.

루스 후버 지머먼 Ruth Hoover Zimmerman

나의 주된 관심사는 지도력과 경영이다. 청소년기에 교회의 청소년 대표로 활동하면서 지도력에 관한 경험을 쌓기 시작했다. 그 당시는 젊은 여성들이 단체를 이끄는 것이 그다지 호응을 받지 못하던 때였다. 나는 첫 직장에서 간호사로 일하면서 동시에 관리자로 일했다. 이후 해외에 거주하면서 더 많은 지도력을 발휘할 수 있는 기회를 가졌다. 이 기간에 남부 캘리포니아의 아주사 퍼시픽 대학교 Azusa Pacific University에서 지도력에 관한 대학원 강의도 틈틈이 수강했다. 1994년 CJP에서 직원으로 일하기 시작하면서 관리자로서의 경험을 쌓았다. CJP에서 석사 과정을 마치고 난 후, 5년간 CJP의 총책임자로 근무했다. 그리고 버넌 얀치 Vernon Jantzi 교수, 데이비드 브루베이커 교수와 함께 조직 이론에 관한 수업들을 함께 가르치기도 했다. 이 책의 내용은 브루베이커 교수와 함께 가르친 수업 내용을 기반으로 한다. 많은 여성들이 잠재적 지도력을 인정받지 못하던 때에 나의 재능을 인식하고 또 더 성장할 수 있도록 배려해 준 많은 남성 지도자들에게 감사드린다. 2007년에 나는 국제 개발 및 평화를 위해 일하는 비영리 단체에 합류했으며, 이 단체 최초로 인도, 네팔, 아프가니스탄의 프로그램을 총괄하는 책임자로 일하고 있다.

한국 독자들에게

이 책이 한국어로 번역된 것을 큰 영광으로 생각합니다. 이 책에서 다룬 내용이 한국의 조직에도 적용될 수 있는지, 그리고 여러분이 처한 환경에서 이 책이 다루지 못했거나 완전히 이해되지 않은 건강한 조직의 요건이 무엇인지 들을 수 있는 기회가 있기를 바랍니다.

-데이비드 브루베이커

1장
나무와도 같은 조직

　모든 조직은 한 개인이나 작은 모임들에서 시작하지만 시간이 지나면서 그 조직 고유의 생명을 가지기 시작한다. 조직은 태어나고 성장하며 성숙해 가고 또 언젠가는 시들어 그 끝을 맞이한다. 현재 미국에 있는 많은 조직들은 만들어진 지 채 50년이 되지 않았으며, 아주 소수의 조직만이 80~100년이 넘는 역사를 가지고 있다.[1] 사람들이 모여 이루어진 조직은 성장하고 성숙하고 끝내 소멸하며, 이는 지구에 있는 수많은 생명체의 생애주기와 놀랍도록 유사하다. 조직은 특정한 환경 안에서 생존하고, 존재하기 위해 외부의 자원을 필요로 한다. 구체적

---

[1] 대학과 종교 단체는 위에서 말한 조직의 평균 수명에서 볼 때 예외적이다. 로마 가톨릭 교회와 몇몇 정교회들은 거의 틀림없이 현존하는 가장 오래된 조직체일 것이다.

으로 말해서, 조직은 자본과 인력을 필요로 하는, 생태적이며 독립적인 구조물이다.

이렇듯 조직은 생태적이고 상호 의존적인 성격을 갖고 있기 때문에 살아 있는 유기체와 비교함으로써 조직을 더 깊이 이해할 수 있다. 이 책에서 우리는 조직에 대한 비유로 살아 있는 나무를 인용하고자 한다. 야자수에서 너도밤나무에 이르기까지 세상의 모든 나무는 뿌리와 기둥 그리고 나뭇가지와 나뭇잎으로 이루어져 있다. 나무와 비유함으로써 우리는 조직의 상호 관련적인 네 가지 중요한 요소인 조직 구성, 문화, 지도력, 주위 환경을 이해할 수 있다.

구조(뿌리 체계)

모든 조직은 사회적 구조와 외형적 구조로 이루어져 있다. 조직의 건물 형태와 건물 내부의 공간 배치 등이 외형적 구조에 해당한다. 사회적 구조는 흔히 조직 구성도 등을 통해 드러나는 공식적인 구조와 조직의 구성원들이 받아들이고 만들어온 암묵적인 관행과 규칙 등으로 대변되는 비공식적인 구조로 이루어진다.

계절이 바뀌거나 강풍이 불 때 뿌리의 힘이 나무를 지탱하듯이, 조직의 구조는 나무의 뿌리에 비유할 수 있다. 건강한 뿌리는 나무를 튼튼하게 지켜줄 뿐만 아니라 성장에 필요한 물과 영양분을 공급해 준다. 마찬가지로, 건강하고 잘 짜인 조직 체계는 조직에 안정감과 성장 공간을 제공해 준다. 굳건한 조직은 회장이나 대표 등 최고 경영자가 조직을 떠나더라도 흔들리지 않고 순조롭게 차세대 지도자 선정 과정을 진행할 수 있다.

나무와도 같은 조직

문화(나뭇잎과 가지)

모든 조직은 그들만의 독특한 문화를 보유하고 있다. 설립자의 영향력, 구성원들의 지속적인 경험을 통해 형성되는 조직의 문화는 조직 내의 가치와 행동이 타당한지 아닌지, 조직이 수용할 만한지 아닌지를 결정한다.

조직에 갓 들어온 사람들은 기존의 구성원들이 그들만의 암묵적인 규칙과 기대를 지극히 당연한 것으로 여기는 것에 대해 놀라곤 한다. 이러한 조직 안의 문화는 구성원의 행동을 규제할 뿐만 아니라 '내부인'과 '외부인'을 구분하는 역할을 한다. 조직의 문화는 외부에는 잘 알려지지 않기 때문에 나뭇가지와 나뭇잎에 비유할 수 있다. 여름에 우리가 볼 수 있는 나뭇잎과 나뭇가지들은 전체 중 10%나 20%에 미치지 못한다. 나머지 80% 또는 90%의 나뭇잎과 나뭇가지는 오직 나무를 직접 타고 올라가 내부에서 관찰하는 사람만이 보고 경험할 수 있다. 단체의 문화 또한 외부인에게는 대부분 장막에 가려져 있다. 조직의 문화는 오직 그 내부로 직접 들어가 몸소 체험하는 사람들만이 이해할 수 있다. 이 책의 제4장에서 우리는 문화에 대한 이해에 관해서 조금 더 자세히 살펴볼 것이다.

> 조직의 문화는 오직 그 안에 몸담고 있는 이들만 이해할 수 있다.

지도력(기둥)

건강한 나무의 기둥은 뿌리(조직의 구조), 나뭇잎과 나뭇가지(문화)를 연결해 준다. 이 기둥을 통해 땅의 자양분이 나무 전체에 전달된다. 건강한 나무의 기둥은 너무 뻣뻣하지도 않고 지나치게 유약하지도 않아서, 강풍이 불 때에는 적절히 휘어지지만 부러지지 않도록 자신을 보호한다. 이러한 나무의 성장은, 느리지만 지속적인 성장의 증거인 몸통의 나이테를 통해 확인할 수 있다.

한 조직의 지도력은 나무의 기둥에 해당한다. 건강한 지도자는 해당 조직의 구조와 문화 사이에 특별한 연관성을 잘 이해하고 뿌리에서부터 열매를 맺는 부분에까지 영양분을 잘 공급하려고 노력한다. 건강한 지도자는 지나치게 경직되어 부러지지도 않고 지나치게 우유부단하여 용기 없이 뒤에서 눈물만 훔치지도 않는다.

주위 환경

모든 나무들은 주어진 환경에 뿌리내리고 있다. 그리고 그 나무들은 주위 환경이 제공하는 기회와 위기를 경험하게 된다. 미국 남부에서 자라는 참나무는 미국 동부에서 자라는 떡갈나무와는 완전히 다른 종류처럼 보인다. 하지만 이 두 가지 나무는 모두 같은 선조를 가진 나무로서, 저마다 각 지역의 환경에 완벽히 적응한 결과로 다른 나무처럼 보이는 것이다. 생존한 나무의 종species은 특정 자연 환경에 뿌리를 내리고 그 환경에 적응하기 위해 지속적으로 변화한다.

이처럼 모든 조직은 그들만의 고유한 환경 또는 복합적인 환경에 뿌리를 내린다. 주위 환경 중 가장 눈에 띄는 것은 바로 조직이 위치한 지리적 환경이다. 다만 여러 곳에 사무실 및 지점을 둔 조직의 경우에는 예외적으로 지리적 환경을 이해하기 어려울 수 있다. 모든 조직은 독특한 사회적·정치적 환경 안에서 존재한다. 그리고 다국적 조직의 경우는 복합적인 환경 안에서, 때로는 서로 상충하는 사회적·정치적 환경 속에 존재하기도 한다. 지리적 환경, 정치적·사회적 환경 이외에도 단체는 빠르게 변화하는 경제적·기술적 환경에 적응해야 한다. 마지막으로, 모든 조직은 무수히 많은 기관으로 구성된 더 큰 산업의 한 분야이다.

변화와 갈등

조직 체계 안에서 변화와 갈등의 과정은 일상적으로 일어나는 일이다. 조직에 대한 체계론적인 접근은 이러한 변화와 갈등으로 나타나는 외부 증상에만 주목하기보다는 그 원인을 찾을 수 있도록 도와준다. 조직을 유기체적 체계로서 바라보면 우리는 단지 한 가지 사건이나 외부적으로 나타나는 갈등뿐만 아니라 그 반복적인 패턴과 좀 더 근본적인 갈등 발생 원인을 볼 수 있게 된다. 조직 체계에서 일어나는 변화의 원인 중 하나는 변화하는 환경에 대한 적응인데, 이는 특히 경제적 또는 기술적 환경의 변화에 기인한다. 항상 그런 것은 아니지만, 조직에서 일어나는 갈등은 종종 이러한 변화에 뒤따라 발생하는 경우가 많다. 빠르게 변화하는 환경에 처한 역동적인 조직 내부에는 갈등이 자주 반복해서 일어난다.

우리가 언급한 체계론적 접근은 기존의 생산적 조직론(자본의 투입, 내부의 전환 과정 그리고 생산물과 서비스의 산출)과 매우 다르다. 기존의 조직론은 유용하지만 이미 많은 책에서 다루고 있고, 지도자와 관리자들에게 이미 익숙한 주제이다. 하지만 체계론적 조직론은 아직 많이 다루어지지 않은 데다가 많은 지도자에게 낯선 주제이기 때문에 이 책에서 중점적으로 다루고자 한다.

2장

구조_나무의 뿌리

모든 조직은 유기적이며 서로 연결되어 있는 체계이므로 전체 체계를 구성하는 각 부분을 이해하는 것은 매우 중요하다. 앞에서 살펴보았듯이 조직을 나무에 비유하면, 각각 뿌리(단체의 구조), 나뭇가지와 나뭇잎(단체의 문화), 이 둘을 연결하는 나무의 기둥(단체를 이끄는 지도력), 그리고 이 조직이 속해 있는 구체적인 환경으로 구성되어 있다. 나무가 그 뿌리로 인하여 지탱되듯이, 구조는 특정한 인물이 조직에 들어오고 나가더라도 조직이 지속될 수 있도록 뿌리 역할을 한다. 조직의 구조는 물리적 구조와 사회적 구조로 나누어 볼 수 있다.

물리적 구조

물리적 구조는 조직이 소유하거나 사용하는 건물의 배치, 사무실 그리고 다른 물리적 공간을 통해 쉽게 살펴볼 수 있다. 대학을 예로 들면 교실, 체육 시설, 기숙사, 공동 시설물 등이 그 물리적 구조이다. 물건을 생산하는 기업의 경우라면 사무실, 창고, 공장, 수하물 운반 장소 등이 될 것이다. 종교 단체는 흔히 예배를 위한 넓은 공간에 교육이나 사무 처리를 위한 여러 부속 공간들을 가지고 있다.

물리적 구조가 중요한 이유는 조직의 건물, 사무실 그리고 사무 공간의 배치가 해당 조직 구성원들의 상호작용에 커다란 영향을 미치기 때문이다. 같은 층에서 일하는 직원들이 서로 돈독한 친목을 유지하는 것이나, 대학의 각 학과가 학과 중심적 사고를 하는 것은 결코 우연이 아니다. 물리적 공간 배치가 어떤 집단의 사람들의 교류를 용이하게 하고 다른 집단에게는 불편을 초래한다면, 우리는 누가 누구와 잘 소통할지 어렵지 않게 짐작할 수 있다.

조직의 지도자는 시설의 물리적 공간 배치에 주의를 기울여야 한다. 특히 새 건물에 입주하거나 기존 시설을 증축하거나 개축할 때는 더욱 주의가 필요하다. 예를 들어 행정처 건물이 대학의 중앙에 위치하고 각 학과가 주변에 흩어져 있는 대학이라면, 전체 대학 교수들의 단합이나 교수진과 행정 직원들 간의 상호 교류를 위해 세심한 노력을 기울여야 한다. (이 글에서 단합은 한 조직 구성원들 간의 연합을, 상호 교류는 복수의 조직 구성원들 간의 교류 능력을 의미한다.)

물리적 공간 구조는 조직 구성원들 간의 교류 양식을 예측할 수 있게 해줄 뿐만 아니라 사회적 갈등에 영향을 미치기도 한다. 일반적으로 기업에서 흔히 "누가 가장 전망 좋은 사무실을 차지할 것인가?" 하는 문제를 놓고 벌어지는 신경전은 특권과 힘뿐만 아니라 장소적 접근성과도 커다란 관련이 있다.

인간이라는 존재는 본능적으로 위치의 중요성을 인지하고 있다. 하지만 놀랍게도 조직의 지도자는 자신이 속한 조직의 물리적 구조, 즉 공간 배치가 얼마나 중요한지 제대로 인식하지 못하는 경우가 많다. 만약 당신이 최근에 해보지 않았다면, 사무 공간의 내부와 외부를 천천히 걸으며 다음과 같은 질문을 던져보라. "우리 조직 안의 협력 또는 갈등 상황과 물리적 공간이 어떠한 관련이 있을까? 만약 관련이 있다면, 물리적 공간의 재구성을 통해 어떻게 조직 안에 건강한 교류를 증진시키고 소외와 긴장을 누그러뜨릴 수 있을까?"

. . .

12년간 애리조나 주에 거주하는 동안, 나는 지역 전문대학(community college, 주로 인근 지역 출신 학생들에게 실용적 기술 위주의 교육을 하는 2년제 대학 – 옮긴이)에서 중재와 갈등 해결 훈련, 컨설팅을 담당했다. 이 대학은 세 곳의 캠퍼스로 구성되어 있었는데, 행정처는 중앙 캠퍼스에 자리 잡고 있었지만 교수진과 다른 직원들은 세 캠퍼스에 흩어져 있었다. 캠퍼스들이 넓은 지역에 흩어져 있었기 때문에, 한 캠퍼스에서 가장 먼 다른 캠퍼스로 가려면 차로 2시간가량을 가야만 도착할 수 있었다. 거리 차이로 인해 점차 오해와 갈등이 생기게 되었고, 이 물리적 거리는 대학 전체의 건강한 문화를 유지하는 데 커다란 장애가 되었다. 중앙 캠퍼스에서 2건, 지역 캠퍼스에서 1건의 (갈등에 관한) 중재 요청을 받은 후, 나는 인사부 책임자와 함께 임직원 인사 관리의 어려움에 관해 이야기를 나누었다. 그녀는 대학 조직 내에 반복되는 갈등의 양상에 대하여 인식하고 있었고, 각 캠퍼스의 물리적 거리가 이러한 갈등을 악화시키고 있다는 것을 직시해야 한다고 느끼고 있었다.

이 문제에 대한 최종적 해결책은 조직 전체의 차원에서 옴부즈맨(시민이 제기한 민원을 처리하는 독립된 공직자, 이 책에서는 대학의 임직원을 위한 옴부즈맨을 의미-옮긴이) 프로그램을 도입하는 것이었다. 각 캠퍼스에서 자원하거나 선출된 옴부즈맨들은 훈련 프로그램을 이수하고 관련된 서비스를 제공했다. 매년 옴부즈맨 프로그램 책임자가 대학 총장에게 보내는 연간 보고서를 통해, 옴부즈맨 봉사자들과 책임자는 캠퍼스 전체의 경향을 분석할 수 있었고, 또한 구조적 변화를 제안할 수 있었다. 옴부즈맨 프로그램이 물리적 거리로 인해 촉발된 어려움들을 없앨 수는 없었지만, 적어도 그 문제들을 인식하고 직면할 수 있는 방법은 제공해 주었다.

—데이비드

• • •

사회적 구조

사회적 구조란 개인과 해당 팀이 속한 조직 내에서 정형화된 사회적 교류 양식을 일컫는다. 사회적 구조의 공식적 차원과 비공식적인 차원을 동시에 이해해야 한다. 공식적인 사회 구조는 조직 내의 다양한 지도자들의 역할과 지휘 체계를 시각적으로 형상화한 조직 구성도로 표현할 수 있다. 비공식적인 사회 구조는, 명시되지는 않았지만 때로는 굉장히 중요한 역할을 담당하는 조직의 구성원들로 이루어진다. 예를 들면 조직의 역사를 꿰뚫고 있는 사람, 회사의 뒷말이나 불평을 중재해 주는 사람들이 비공식적 사회 구조의 역할을 하고 있는 것이다. 사회적 구조는 이렇게 공식적이거나 비공식적인 역할들이 어우러져 형성된다.

한 세기 전에 사회학자 막스 베버 Max Weber는 공식적인 조직(흔히 관료 조직으로 일컬어짐)은 권위의 계층 구조(힘의 분배)와 노동의 분화(역할의 구분), 공식적 역할 그리고 절차(체계적 협력)로 이루어진다고 지적했다.[2] 주로 정부의 관료 조직에 대하여 기술한 것이지만, 조직 구성에 관한 베버의 생각은 다른 두 형태의 조직, 즉 영리 단체와 비영리 단체에도 잘 적용할 수 있다.

시간이 갈수록 조직은 스스로 제 역할과 규칙들을 규정해 가는 특징

---

2 Weber ([1947] 1964).

이 있다. 다음 장에서는 조직의 행동 이론에 대해 이해하기 위해 공식적 역할과 비공식적인 역할, 규칙 그리고 의식에 대해 살펴볼 것이다.

구조화된 사회에서 갈등은 몇 가지 이유로 인해 쉽게 발생할 수 있다. 첫째, 계층적 구조 안에서 힘은 지나치게 편중되는 경향을 보인다. 상대적으로 힘이 없는 사람들이 비평등적 구조에 대해 저항할 경우에 갈등이 일어난다. 둘째, 규칙과 원칙이 명확하지 않고 같은 영역의 책임이 여러 사람에게 중복된 경우에 갈등이 일어난다. 셋째, 누구에게 권위와 권한이 있는가에 대해 다른 해석이 있는 경우에 공식적인 또는 비공식적인 조직에서 서로의 관계에서 갈등을 더할 수 있다.(이 주제에 대해서는 다음 장에서 자세히 살펴볼 것이다.)

사회적 체계와 관련하여 가장 자주 갈등의 원인이 되는 것은 조직의 생애주기와 깊이 연관되어 있다. 많은 조직 이론가들이 다양한 모델을 통해 조직(단체)이 설립되고 성장하고 성숙하는 생애주기에 대해 설명하고 있다. 많은 조직의 생애주기 모델의 공통점은 조직의 생애주기가 탄생과 함께 시작되고 유년기와 성년기, 쇠퇴기 그리고 궁극적으로는 죽음에 이르기까지의 인간의 생애주기와 놀랍도록 유사하다는 점이다.

조직의 생애주기 초창기 모델 중 하나인 래리 그레이너 Larry Greiner 박사의 모델은 각 단계마다 조직의 생명을 위협하는 특정한 위기를 몰고오는 성장 과정을 다섯 단계로 구분하고 있다.[3]

---

3 Greiner(1972).

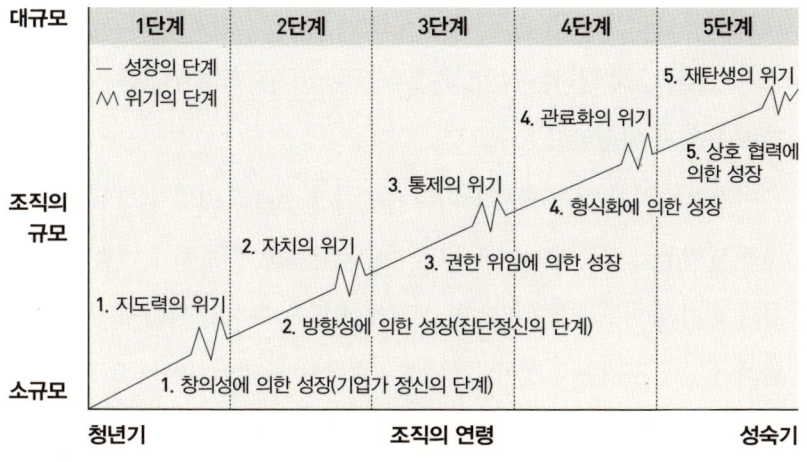

그레이너의 조직 성장(생애주기) 모델

1. 기업가 정신의 단계(지도력의 위기)
2. 집단정신의 단계(자치의 위기)
3. 권한 위임의 단계(관리의 위기)
4. 형식화의 단계(관료화의 위기)
5. 상호 협력의 단계(재탄생의 위기)

그레이너 교수에 따르면, 한 조직이 이 단계들을 성공적으로 통과하기 위해서는 각 단계마다 함께 찾아오는 위기에 적절히 대응해야 한다. 예를 들면, 기업가 정신의 단계에서는 강한 카리스마를 가진 헌신적인 한두 명의 지도자가 지도력을 발휘하는 경향이 있다. 하지만 시간이 갈수록 능력 있는 한두 명의 지도자가 복잡해진 조직을 관리하기가 힘들어진다. 이러한 지도력의 위기는 전문 경영인의 영입으로 해결할 수 있다. 흔히 말하는 '설립자 증후군'은 이 지도력의 위기를 극복하지 못했을 때 발생한다.

이와 비슷하게 첫 번째 지도력의 위기를 해결하고 기업가 정신의 단계를 넘어선 조직은 얼마간의 집단정신의 단계를 거친 후에 마침내 자치의 위기와 마주하게 된다. 이 시점에서 많은 부서와 팀들이 중앙집권적인 경영 구조에서 벗어나 더 많은 재량권과 권한 위임을 요구하기 시작한다. 만약 탈중앙집권적인 의사 결정 구조에 대한 요구가 성공적으로 합의된다면(종종 어떠한 형태의 집단 지도 체제 또는 경영 팀의 형성을 통해), 조직은 곧 권한 위임의 단계로 접어든다.

그레이너 모델의 특별한 점은, 변화하는 조직의 공식적인 사회 구조와 조직의 연령(생애주기의 한 지점)을 연결했다는 것이다. 성장하고 성숙해감에 따라 조직은 좀 더 공식화된 조직 체계를 갖추려 하고, 마침내 이를 혁신하기 위해서는 '재탄생'을 해야 하는 관료화의 위기에 봉착하게 된다. 구조적 혁신을 단행함으로써 조직은 갈등을 전환하는 선도적인 체계를 갖출 수 있게 된다. 조직은 성장하고 성숙해 가면서 각자의 생애주기에 알맞은 공식적인 사회적 체계를 주도적으로 도입할 수 있다.

조직의 연령에 더하여, 조직의 규모도 조직의 행동을 예측할 수 있는 중요한 요소이다. 예를 들면 조직이 공식화되는 과정은 그 조직의 연령과 함께 조직의 외적 성장과 깊은 연관성을 가지고 있다. 임직원이 1만 명 정도에 설립된 지 10년밖에 되지 않은 조직도 약 50명의 직원이 있는 100년이 된 조직처럼 똑같이 관료화될 수 있다. 규모와 역사를 함께 가진 조직(로마 가톨릭 교회를 생각해 보라.)은 대단히 공식화(관료화)되어 있으리라고 쉽게 예측할 수 있다.[4]

· · ·

이스턴 메노나이트 대학교[EMU]의 정의와 평화 실천 센터[CJP]는 1994년에 두 명의 시간제 교수와 한 명의 정규직 직원이 새롭게 시작한 프로그램으로서, 현재 EMU에서 가장 큰 학과로 성장했다. 2009년에 CJP는 24명의 정규직 직원과 12명 이상의 시간제 직원이 다양한 프로그램을 진행하는 복잡한 조직이 되었다. 신앙을 바탕으로 한 학술·실천 단체인 CJP는 미국은 물론 해외 각지에서 평화 실천과 관련된 다양한 활동과 프로그램을 제공하고 있다. CJP는 현재 정규 대학원 과정과 '여름 평화 실천 과정[SPI, Summer Peacebuilding Institute]'을 운영하고 있다. 또한, 2001년에 설립된 '실천 위원회[Practice Institute]'는 여타 비정부 기구[NGO]와 비슷하게 컨설팅과 훈련을 통한 실천의 기회를 제공하고 있다. 이 실천 위원회는 유명한 과정인 '트라우마의 인식과 회복을 위한 전략 프로그램[STAR, Strategies for Trauma Awareness and Recover]'의 발상지이기도 하다.

이러한 급속한 성장과 다양화는 CJP의 조직과 구조에 엄청난 변화를 불러왔다. 출범한 첫해에 우리는 그레이너 모델의 첫 번째 단계의 특

---

4 시간이 지나면서 모든 조직이 변화하기는 하지만 모든 조직이 규모가 커지고 구조가 복잡해지는 것은 아니다. 그러나 그 규모와는 상관없이 조직들은 오래될수록 더욱 관료화되고 공식화되는 경향이 있다.

징(열정적인 선각자였던 설립자/지도자와 기꺼이 헌신하는 직원들)을 고스란히 간직하고 있었고, 의사 결정은 몇몇 행정 직원들에 의해서 비공식적으로 이루어졌으며 약간의 공식적인 정책과 원칙과 제한이 있었다. 우리가 만든 정책들은 학술 단체로서 반드시 있어야만 하는 것들이었다. 소통은 자유롭고 비공식적으로 이루어졌으며 모든 부서에서 원하면 어느 때든지 총책임자를 만날 수 있었다. 혁신과 기업가 정신이 CJP의 가장 중요한 자산이었다.

CJP의 첫 번째 위기는 설립된 지 3~5년 후에 서서히 찾아왔다. 그 당시 CJP의 책임자는 과중한 업무에 짓눌려 있었다. CJP에는 약 30명에 달하는 학생들과 여덟 명의 직원이 상주하고 있었고, 여름 평화 실천 과정은 급속한 성장을 경험하고 있었으며, 좀 더 활동적인 대학원 프로그램과 여름 훈련 조직체를 만들고 미국과 국제 사회에서의 실천적 활동을 위해 교수들을 추가로 채용해야 했고, 직원들도 더 모집해야만 했다. 실제로 일을 처리할 수 있는 일손은 부족한데 조직의 이상과 꿈이 더 큰 형국이었다. 이를 타개하기 위해 채택한 첫 번째 구조적 변화는 여름 평화 실천 과정, 대학원 과정, 전체 행정 업무에 각각 한 명씩, 즉 세 명의 부책임자를 새로 배치하여 과중한 행정 업무를 분담하는 것이었다.

CJP는 설립자이자 책임자인 존 폴 레더락John Paul Lederach의 선구자적인 지도력과 자율적인 성격에 큰 도움을 받았다. 그는 성장하는 프로그램의 행정적인 필요들을 채워주는 부책임자들의 역할을 높이 샀고, 부책임자들은 실제로 많은 도움을 주었다. 그의 지도력을 통해 이 프로그램은 설립자가 권위와 조종하려는 욕구에 사로잡혀 필요한 권한 위임을 하지 못해 조직에 피해를 주는 전통적인 조직의 생애주기의 고통에서 벗어날 수 있었다. 설립자 증후군이 일어날 때, 조직은 내부적인 갈등에 얽히게 되며 조직의 내부적 건강함은 무시된다. CJP는 훈련된 지도자 덕에 그러한 전통적인 증후군에서 벗어날 수 있었다. 그러나 계속된 급성장에 따른 과중한 업무는 설립자가 갖고 있는 능력의 한계를 넘어버렸다.

다음 단계로의 급속한 성장 속에서 설립자는 확장되는 조직의 총괄 업무에 대해 점점 회의를 느끼기 시작했다. 조직을 이끌기 위해서는 협동과 협력, 조직화가 필요했다. 설립자인 레더락 교수는 행정적 책임자 역할을 내려놓고 교육과 실천이라는 본래의 역할로 돌아갔다. 그리고 새로운 조직의 총책임자와 부책임자가 채용되었다.

그레이너 모델에 따른 CJP의 각 단계의 변화 과정에서 해결되지 않은 불만과 갈등이 조직 내부에 남아 있었다. 이러한 스트레스에 대한 해결책으로, 우리는 외부의 전문가에게 우리가 어떻게 하는 것이 최선인지에 대한 컨설팅을 받았다. CJP의 각 팀이 발전함에 따라 내부의 조직이 각각 형성되어 더 많은 권한 위임과 의사 결정 과정에 대한 협의도 이루어져야 했다. 지도자는 전체 조직의 연대를 위해 각종 협의회와 특별 전문 위원회에 참여하여 업무와 사회적 교류 두 가지 모두를 위해 노력을 기울였다.

—루스

조직 관리

조직의 구조가 조직 갈등의 중요한 요인이 될 수 있기에, 지도자들은 가변성이 큰 조직의 구조를 이해하고 이를 잘 관리해야 한다. 조직 구조와 관련해서 지도자들은 다음과 같은 행동을 취해야 한다.

1. 조직의 물리적 구조에 관해 관심을 기울이도록 하라. 어떤 곳이 조직 구성원들의 교류와 소통을 촉진하고 어떤 곳이 이를 방해하는지 관찰하라. 평상시 물리적으로 서로 만나지 않는 부서들과 조직 전체가 소통하고 교류할 방법을 찾으라.
2. 당신의 조직이 조직의 생애주기 모델의 어떤 단계에 있는지 진단하라. 또한, 조직이 현재 당신의 필요에 잘 부응하고 있는지 판단하라. 만약 조직의 구조가 조직의 발전 단계를 따라가지 못하고 있다면 조직 체계의 점검을 계획하고 이에 따른 준비를 하라.
3. 당신의 조직 구조 안에서 나타나는 갈등 패턴을 인식하라. 외부적으로 드러나는 개인 간의 갈등이나 권력 투쟁은 당신이 속한 조직의 구조적인 결함(불명확한 업무 설명, 업무 권한의 중복 등) 때문일 수 있다.

조직 구조는 깊은 뿌리에 해당하는 안정감을 조직에 제공한다. 지도자가 떠나거나 새로 오더라도 조직이라는 나무가 생명을 지속하고 번성할 수 있도록 해준다. 잘 돌보지 않으면 치명적인 약점이 생길 수 있기 때문에 뿌리를 잘 관리하는 일은 매우 중요하다.

3장
지도력과 권위 _ 나무의 기둥

　조직에서 지도력은 나무의 기둥으로 비유할 수 있다. 나무가 건강할 때는 중요한 영양분이 뿌리에서 기둥을 통해 나뭇잎과 열매를 맺는 가지 끝으로 잘 전달된다. 건강한 나무의 기둥은 세찬 바람이 불어도 나무가 뿌리 뽑히지 않을 만큼의 강함과, 또 한편으로는 나무가 부러지지 않도록 해주는 유연함을 제공한다. 나무의 전체 모습을 살피려는 외부의 관찰자는 나무 가까이에서는 오직 나무의 기둥에만 주목하게 된다. 건강한 나무 기둥은 보는 이들에게 당연한 것으로 여겨지지만 썩은 나무 기둥은 금방 눈에 띄게 된다.

　조직에서 지도력은 아주 중요한 요소이다. 성공한 조직에서는 흔히 과거나 현재의 특정한 지도자, 특히 조직의 탄생에 탁월한 영향력을 발휘한 이들이 대중에게 기억되는 경우가 많다. 포드 자동차의 헨리 포드Henry Ford나 월드비전의 설립자인 밥 피어스Bob Pierce 목사처럼 창립자들은 신비로운 지도력을 소유하고 있을 수도 있다. 그리고 어려움에 부딪히거나 쇠퇴하는 조직은 지도자를 교체하는 재구성을 통해 조직의 성과를 높이려 한다. 다국적 기업의 최고 경영자들부터 지역 사회의 목회자에 이르기까지, 대부분 조직의 구성원들은 지도력의 중요성에 대해 모두 공감하고 있다.

하지만 지도력은 어쩌면 우리가 생각하는 것만큼 중요하지 않을 수도 있다. 모든 조직은 역동적인 환경 속에 세워진 복잡한 체계이다. 능력이 얼마나 크든지 간에 그 어떤 훌륭한 지도자라 할지라도 조직 안에서 일어나는 모든 가변적 상황을 통제하는 것은 불가능하다. 조직의 역동성은 시간이 갈수록 안정되고, 지도자가 들어오고 나간다고 해서 조직의 성과가 크게 달라지지는 않는다. 이에 반해 '상징'으로서 지도자의 역할이 중요하다는 증거가 몇 가지 있다. 지도자는 조직의 분위기에 커다란 영향을 미치며, 그 조직의 성공과 실패를 보여주는 거울 역할을 한다. 의심할 여지 없이 조직에서 지도력은 매우 중요하다. 하지만 동시에 지도력은 조직을 구성하는 일부일 뿐 전부는 아니다.

앞에서 이야기했듯이 조직 안에는 공식적 단계와 비공식적 단계의 지도자가 존재한다. 조직도에 이름을 올린 지도자는 그에 따른 권위를 부여받는다. 막스 베버는 이를 '합법화된 힘'[5]이라고 불렀다. 그

---

5 Weber([1947] 1964).

들은 조직으로부터 '지위라는 영향력'을 부여받았다. 그들은 그들의 업무상 일정 정도의 의사 결정권을 부여받은 것이다. 조직 내의 어떤 이들은 조직 내의 권위자를 못마땅하게 여길 수도 있고, 권위자가 가진 다른 형태의 영향력이 지위적인 권한을 더욱 굳건히 해줄 수도 있다. 아무튼 이러한 지위들이 함께 모여 공식적인 지도 체계를 만든다.

어떤 조직에서든지 비공식적 지도자들은 존재한다. 이러한 지도력의 원천은 지적 능력이나 쾌활함 같은 개인의 역량일 수도 있고, 다른 힘 있는 개인과의 인간관계 또는 조직에서의 오랜 헌신일 수도 있다. 비공식적 지도자는 공식적인 권위(합법화된 힘 또는 위치적 힘)를 갖고 있지 않을 수도 있지만 조직의 의사 결정과 성과에 미치는 그들의 영향력을 무시하거나 부인할 수 없다. 어느 조직에나 다양한 형태의 권력이 존재하며, 개중에는 공식적인 권위와 비공식적인 지위를 모두 가진 지도자들도 종종 찾아볼 수 있다.

건강한 조직은 권위에 대해 자유롭게 이야기하며 이러한 권위를 넓게 분배하려고 노력한다. 이 말은 누구도 다른 사람보다 높지 않은 '평등한 조직도'를 갖고 있다는 의미는 아니다. 오히려 건강한 조직의 지도자들은 이러한 힘을 무한대의 자원(힘에 대한 제로섬 사고에 반대되는)이라고 여기고, 이 힘이 결정권자들 간에 골고루 분배될 수 있도록 애쓴다는 것을 의미한다. 조직의 구성원들이 다양한 사안('예산 제한'처럼 일상적인 범위 내의 사안들)에 관해 스스로 재량권이 있다고 믿을 때 힘에 관한 갈등은

> 건강한 조직은 권위에 대해 자유롭게 이야기하며 이러한 권위를 넓게 분배하려고 노력한다.

사그라지는 경향이 있다.

물론 이러한 힘에는 항상 책임이 뒤따른다. 즉, 권한에는 책임이 따른다는 말이다. 건강한 조직은 권한의 범위를 명확히 할 뿐만 아니라 열린 문 정책(정해진 시간에 문을 열어놓아 누구라도 자유롭게 지도자와 의견을 말할 수 있도록 하는 정책으로, 조정이나 옴부즈맨 제도 등이 있다. -옮긴이) 또는 불편 신고제 등의 구체적인 방법을 제시한다. 건강한 조직은 모든 구성원들이 자유롭게 불편 사항을 신고할 수 있도록 보장할 뿐만 아니라, 이러한 사항을 공정하게 청취하고 신중하게 다룬다. 백악관에서나 교구에서나 무책임한 힘의 사용은 필연적으로 힘의 남용으로 귀결된다. 건강한 조직은 권한의 사용을 감독하고 너무 늦지 않게 힘의 남용에 대한 경고를 보낸다.

• • •

거의 모든 사람은 힘(지도력)의 요소를 한 가지 이상 가지고 있다. 그것은 전문성이거나 지식일 수도 있고, 오랫동안 조직과 동고동락한 경험일 수도 있으며, 개인적인 강력한 추진력 또는 다른 이들을 동참시키는 동기 부여 능력일 수도 있다. 또한, 다양한 비공식적인 힘을 사용해서 지도자가 건강한 조직을 위한 참여적이고 협의적인 의사 결정 과정을 사용하도록 도울 수 있다.

몇 년 전에 이스턴 메노나이트 대학교EMU의 이사회와 집행부에서 결정된 민감한 사안을 놓고 뜨거운 논란이 벌어졌다. 수많은 직원들이 이 의사 결정이 이사회에 의해서 일방적으로 이루어졌다고 생각했다. 직원들은 격앙되어 있었지만 이사회에 반대하는 목소리를 냈다가는 자칫 직장을 잃을지도 모른다는 불안감에 사로잡혀 있었다. 정의와 평화 실천 센터CJP는 이 문제를 해결하기 위해 EMU의 각 부서와 직급을 대표하는 교직원 대표단을 구성하자고 제안했다. 또한, 이 결정에 대한 불만과 상실감을 직시하고 앞으로 이사회에서 일방적으로 의사 결정을 하지 못하도록 하는 방안을 제시했다.

요약하자면, 이 사례에서 직원들은 지위로서의 힘은 가지고 있지 않았다. 그러나 그들은 다른 형태의 힘의 요소를 찾아냈고, 이를 통해 EMU 집행부의 변화를 압박할 수 있었다. 이 일을 계기로 해서 EMU에 교수 대표단이 결성되었고, 이와 동시에 직원 사고 관련 규정이 마련되었다. EMU 사무처는 민감한 사안들에 관해 직원들의 불안감을 해소할 수 있는 대화의 장을 마련하도록 노력하기로 했다. 지도력의 관점에서 보자면, 이는 권위적인 지도력의 성향을 가지고 있었던 크고 복잡한 조직이 좀 더 참여적인 의사 결정을 수용하여 직원들의 사기를 높인 사례가 될 것이다.

―루스

· · ·

효과적인 지도력

조직의 지도자를 효과적이게 만드는 것은 무엇인가? 수많은 책들이 이 질문에 대답하고자 애써왔다. 또한, 많은 책들이 자신의 분야에서 커다란 성공을 거둔 지도자들의 자전적 이야기를 해답으로 제시했다. 그러나 안타깝게도 성공한 지도자의 특정한 스타일을 따라 한다고 해서 똑같이 성공하는 경우는 드물다. 여러 조직을 대상으로 시행한 지도력에 관한 연구에 따르면, 효과적인 지도력은 개인의 특별한 이력보다는 보편적인 특성과 관련이 있다고 한다.

짐 콜린스와 동료들은 《좋은 기업을 넘어 위대한 기업으로 Good to Great: Why Some Companies Make the Leap...and Others Don't》(2001)에서 약 1000여 개의 미국 내 기업 중 특별한 성공을 거둔 11개 기업을 선택하여 그들의 기념비적인 성공 요인을 알아내고자 했다. 그들은 여러 요인 중에서 이 11개 기업들이 좋은 기업에서 위대한 기업으로 도약할 당시의 지도자들이 보여준 특별한 지도력의 공통점을 찾아냈다.[6] 콜린스는 이 지도자를 '제5단계의 지도자'라고 명명했다. 이들의 공통점은, 개인적으로 조용하고 겸손한 성격을 가졌으며 조직을 위하는 강력한 의지를 겸비했다는 것이었다.

콜린스에 따르면 '최고 수준의 경영자'는 스스로의 성공이나 명예를

---

[6] Collins(2001).

5 최고 수준의 경영자
개인적인 겸손과 전문 분야에 관한 의지를 겸비함으로써 계속 위대한 조직을 만들어간다.

4 효과적인 지도자
명확하고 추구할 만한 이상을 위한 헌신을 촉진하고 높은 업무 효율을 독려한다.

3 유능한 관리자
예정된 목표를 효과적이고 효율적으로 달성할 수 있도록 사람과 자원을 잘 운용한다.

2 팀에 지대한 공헌을 하는 팀원
다른 이들과 한 팀을 이루어 효과적으로 공헌할 수 있는 능력을 갖추고 있다.

1 유능한 개인
개인의 재능, 지식, 기술, 좋은 업무 습관을 갖춤으로써 생산성을 높인다.

지도력의 5가지 단계

추구하지 않았다. 그보다는 그들은 조직을 위해 무엇이 최선인가를 변함없이 추구했다. 그들은 대부분 회사가 어디를 향해 가야 하는지에 대해 투명하고 명확한 이상을 가지고 있었다. 이와 더불어 조직을 이끄는 자신들의 역할에 대해서는 겸허한 태도를 가지고 있었다. 인터뷰 도중 최고 수준의 경영자들은 대화가 그들 개인에게 너무 초점이 맞추어진다 싶으면 자주 주제를 다른 쪽으로 바꾸려 노력했고, 연구원들은 이 점에 깊은 인상을 받았다. 조직을 변화시키기 위해 외부에서 영입된 카리스마 있고 영향력이 과장된 지도자들과는 대조적으로 이들은 수년간 조직 내에서 조용하고 능숙하게 업무를 해온 사람들인 경우가 많았다.

우리는 약 55년간의 직장 생활과 컨설팅 경험을 바탕으로 성공하는 지도자의 다섯 가지 요소를 뽑아보았다. 이것들은 모두 현재의 지도자들이 스스로 연마할 수 있는 지혜와 기술들이다. 우리가 제안하는 성공하는 지도자의 다섯 가지 특성은 다음과 같다.

1. 자신에 대한 자각

우리가 만난 대부분의 파괴적인 성향의 지도자들은 예외 없이 자신들이 가진 영향력에 대해 놀라울 정도로 무지했다. 가장 극단적인 예로는 직장 내에서 부하 직원에게 성희롱을 한 지도자가 그 행동이 서로 평등한 상태에 또는 서로에게 모두 도움이 된 행위였다고 믿는 것이었다. 이와는 반대로 건강한 지도자들은 항상 그들이 타인과 자기 자신에게 어떠한 영향을 미치는지 자각하려 하고, 또한 타인과의 관계가 건강한 교류가 되도록 자신의 행동을 점검한다.

2. 반대 의견의 수용

성공적인 지도자는 조직 구성원들의 참여와 의견 개진을 중요하게 여기며 이러한 참여를 독려하는 실질적인 제도를 도입한다. 열린 문 정책 또는 경청 훈련 등의 도입을 통해서 건강한 지도자는 조직 구성원들의 의견을 매우 중요시한다는 것을 보여준다. "당신이 내 편이 아니면 나의 적"이라고 말하고 다니는 지도자는 결과적으로 치명적인 의사 결정의 실수를 피하기 위해 반드시 필요한 비판의 목소리를 차단하게 된다.

3. 자기 규정

성공적인 조직의 지도자는 잘 경청하는 사람일 뿐만 아니라, 다른 사람들에게 자신의 꿈과 목표 그리고 지향하는 바를 명료하게 표현하는 사람이다. 알반 연구소 Alban Institute의 종교 단체 컨설팅 책임자인 스피드 리스 Speed Leas는 수많은 사례를 통해 목회자들이 다음과 같은 두 가지 이유로 인해 갈등의 중심에 서게 된다는 것을 알아냈다. 목회자가 권위적이어서 사람들이 종속되거나 또는 무시당하는 느낌을 갖든지, 아니면 지도자가 정말로 무엇을 믿고 있는지 몰라서 불편하고 화가 나는 것이다.[7] 건강한 지도자는 그들이 원하는 바를 잘 소통한다. 또한, 조직의 구성원들에게 그들이 원하는 바를 나누도록 요청한다.

4. 구조론적 사고

성공적인 조직의 지도자는 조직을 동떨어진 개체가 아니라 서로 연결된 구조 system라고 이해한다. 또한, 특정 부서 또는 부문의 책임자가

---

7 2007년 《리더십 매거진 *Leadership Magazine*》에 실린 마셜 셜리(Marshall Shelley), 캐빈 밀러(Kevin Miller)의 "스피느 리스와의 인터뷰 *An Interview with Speed Leas*"를 참조하라(www.alban.org).

그들의 조직과 다른 조직의 관계를 이해하고 조직원들에게 잘 설명할 수 있을 때 조직의 활동은 더 효과적이 된다. 단적으로 말하면 이러한 구조론적 사고 system thinking는 조직에서 높은 위치에 있을수록 적용하기 쉽다. 최고위층 지도자는 전 사원이 참여하는 멘터링, 전체 회사 규모의 통합 회의, 워크숍 등을 통해 다른 구성원들에게 구조론적 사고 능력을 독려할 수 있다.

5. 환경에 대한 깊은 이해

성공적인 지도자들은 자기 자신과 조직의 구조에 대한 깊은 이해와 더불어 그들의 조직이 처해 있는 환경에 대해 면밀하게 연구해야만 한다. 예를 들어, 유능한 대학 총장은 젊은이들을 잘 이해하고 그들의 필요와 원하는 것 그리고 당면한 어려움에 대해 잘 이해하고 있어야 한다. 성공적인 사업가는 고객의 목소리를 경청하고 그들의 목소리를 생산품에 반영한다. 또한, 성공적인 비영리 단체의 지도자는 활동 대상자들의 변화하는 요구와 더불어 이들을 계속 도울 수 있도록 급변하는 모금 환경을 면밀히 연구해야만 한다.

・ ・ ・

샌더스 아첸 Sanders Achen은 건축과 주택 건설 사업을 하는 가족 기업인 아첸-가드너 그룹의 최고 경영자이다. 아첸-가드너의 건축 사업 분야는 미국 남서부에서 다섯 번째로 규모가 크며, 자주 대형 도량 건설을 수주하곤 한다. 샌더스는 지금 회사의 이사장을 맡고 있는 덕 가드너Doug Gardner와 함께 1980년대에 회사를 시작했다. 나는 1990년 그의 고향인 애리조나 주의 카사그란데 지역의 공동체 개발 계획을 통해 샌더스를 알게 되었다. 샌더스를 아는 사람들은 그가 자신의 업적에 대해서 말하기보다는 동료들과 직원들에게 공을 돌리는 겸손한 사람이라고 자주 말하곤 한다. 회사가 직원들을 아끼고 배려한다는 평판 덕분에 직원들은 모두 자긍심과 회사에 대한 고마움을 가지고 있다. 이와 더불어 아첸-가드너와 샌더스는 그들이 자리 잡고 있는 지역의 개발을 위해 힘을 쏟고 있다. 그들은 카사그란데 시와 지역 개발 비영리 단체와 손잡고 지역 내 빈민가 이웃들의 자활을 돕는 공동 주택을 건설했다.

샌더스가 믿고 있는 격언 중의 하나는 "좋은 사람들을 채용하라. 그리고 그들이 스스로 일할 수 있도록 도와라!"이다. 샌더스는 많은 부서를 관리할 각 부서의 책임자들을 고용하는 대신에 구분되어 있지만 서로 긴밀하게 연결된 독립된 회사들을 설립하고 각 회사의 책임자들이 진정한 지도자로 성장하도록 돕고 있다. 애리조나 주의 건설업이 불황과 호황을 오가는 상황에서, 아첸-가드너 그룹은 이러한 전략으로 지속적인 성공을 이루고 있다.

샌더스는 변화하는 건설업계의 환경을 잘 이해하고 있다. 그의 또 다른 직업인 헬리콥터 조종사로서의 경험이 아마도 건설업계에서 회사가 나아가야 방향에 대해 거시적인 안목을 가질 수 있도록 도왔을 것이다. 어쨌든, 그는 직관적으로 사회적·경제적 변화 그리고 최근에는 기후 환경의 변화를 고려하고 그에 따라 회사의 전략을 조율한다. 나는 샌더스

만큼 자신에 대해 깊이 자각하고, 타인을 존중하고, 건설업계의 다양한 환경에 대해 민첩하게 반응하는 지도자를 만난 적이 없다.

—데이비드

· · ·

흔히 말하듯 지도력은 과학이라기보다는 예술이라 할 수 있다. 하지만 성공적인 지도자들은 자기 자신과 조직의 행동을 깊이 자각하고 꾸준히 관찰한다. 그리고 그들은 조직의 구성원들과 투명하게 소통하고 다른 생각을 가지고 있는 사람들의 의견을 기꺼이 경청한다. 마지막으로, 그들은 자신들의 조직이 처한 다양한 환경을 끊임없이 관찰하고, 지속해서 조직의 가치와 소명, 지향점을 선도적으로 변화시켜 나간다.

4장

문화 _ 나뭇가지와 나뭇잎

    나무의 기둥은 무성한 나뭇잎과 나뭇가지를 지탱해 준다. 바로 이곳에서 우리는 나뭇잎이 돋아나고 열매가 영글고 나뭇가지가 커가는 성장을 볼 수 있다. 활엽수의 경우, 잎이 무성한 봄부터 가을까지는 보이는 것보다 보이지 않는 나뭇잎과 나뭇가지가 훨씬 더 많다. 나뭇잎과 가지 중 80~90%가 잘 보이지 않는데, 이를 볼 수 있는 유일한 방법은 나무 기둥을 타고 나뭇잎과 가지 사이로 올라가 보는 것이다. 이 복잡하고 감추어진 나무의 전체 구조를 조직에 비유하자면 해당 조직의 문화로 비유할 수 있다.

    사람들이 정기적으로 함께 모일 때면, 언제나 일정한 문화가 형성된다. 흔히 문화라고 하면 특정한 국가나 민족이 만들어낸 것으로 생각한다. 하지만 문화는 국가뿐만 아니라 특정 지역, 공동체, 조직(단체) 그리고 가족의 산물이기도 하다. 최근에는 온라인을 통해 함께 모이는 사람들이 그들만의 특별한 문화를 만들기도 한다. 이러한 예는 문화를 공유하는 일에서 지리적 근접성이나 사람과 사람의 만남이 필수가 아님을 잘 보여준다. 어쨌든 문화란 집단의 산물이다.

또한, 문화는 한 집단을 한데 묶어주는 매개체이다. 문화는 집단 구성원들이 기대와 요구를 공유하게 하고 또 집단에 속한 사람과 속하지 않은 사람을 구분하는 경계를 만들어줌으로써 집단을 서로 묶어준다. 한 집단에 들어가기로 결정한 개인은 일반적으로 그 집단의 가치와 규범에 동화되고 그 집단의 새로운 언어를 배운다. 또한, 문화는 끝없이 연결되는 의미 체계meaning system에 필요한 방법과 의미를 제공한다. 예를 들어, 어떤 지역의 종교 단체에 속한 구성원은 같은 신앙을 공유할 뿐만 아니라, 그들의 신앙과 실천을 독려하는 의식을 함께 행한다. 그러므로 문화는 공통의 의미를 부여해 줄 뿐만 아니라, 구성원들에게 소속감을 선사한다.[8]

반면 종교 단체만이 문화를 공유하는 조직의 형태인 것은 아니다. 사회학적으로 모든 조직은 대체로 그 조직의 설립자들이 형성한 그들만의 조직 문화를 가지고 있다. 조직 문화 분야의 석학인 에드거 샤인

---

[8] 북아메리카의 도심 지역에서 많은 젊은이들이 폭력 조직에 가입하는 이유 중 하나는 이 범죄 조직들이 과거 가족과 종교 단체가 제공하던 자기 정체성, 존재의 의미, 그리고 소속감을 대신 제공하고 있기 때문이다. 그들만의 옷 색상, 사용하는 문양(그라피티) 등은 조직원들이 받아들인 문화의 대표적인 상징들이다.

Edgar Schein 교수에 따르면, 문화는 조직이 직면한 도전 앞에 설립자의 행동과 태도가 '성공적'으로 드러날 때 비로소 형성된다.[9] 일단 이러한 행동과 태도가 조직의 문화에서 구조화되면 이러한 행동과 태도는 조직 안에 반석처럼 굳게 자리 잡아 모든 구성원들이 이를 당연한 것으로 받아들인다.

문화의 결정 요소

조직의 설립자 개인의 성격과 지도력 형태와 함께 조직의 문화를 결정하는 몇 가지 대내외적인 가변적 요소들이 있다.

1. 조직의 지리적 위치

예를 들어 미국 남서부에서 발전한 조직은 북동부에 있는 조직과는 다른 문화를 가지는 경향이 있다.

2. 조직의 설립 시기

제2차 세계 대전 전후에 만들어진 조직과 20세기 초(1900년대)에 만들어진 조직은 여러모로 다르게 운영된다.

---

9 Schein(2004).

3. 조직의 규모

규모가 큰 조직과 작은 조직은 행동 양식이 판이하다. 예를 들어 대규모 기업이나 정부 기관은 작은 가족 기업보다 더 관료적으로 운영될 가능성이 높다.

4. 조직의 역사적 경험

조직이 10년이 되었거나 100년이 되었거나, 모든 조직은 존재하는 동안 영광의 시기와 시련의 시기를 거친다. '경제적 위기'이든 '영광의 세기'이든 이러한 역사적인 경험들이 그들의 문화를 지속해서 만들어 간다.

5. 조직의 구성원

조직의 구성원들은 그 조직의 문화에 영향을 받기도 하지만 조직의 문화에 영향을 주기도 한다. 정체성에 영향을 주는 요소들, 즉 성별, 계급, 출신 국가, 민족, 나이, 종교, 학력 등과 같은 요소들은 개인의 정체성에 영향을 줄 뿐만 아니라 조직의 문화 형성에도 영향을 미친다.

문화의 중요성

문화는 다양한 힘의 영향을 받고 종종 암묵적으로 존재하며 당연한 것으로 여겨지기 때문에 조직 생활에서 그 영향력이 얼마나 대단한지를 인지하는 경우는 매우 드물다. 하지만 조직 내의 문화는 이해할 수 있고 설명될 수 있으며 도식으로도 표현할 수 있다.[10] 샤인 교수는 진지한 관찰자들이 지도로 그릴 수 있도록 조직의 문화를 세 가지 수준으로 구분했다. 첫째, 외부로 드러나는 의식과 상징, 둘째, 외부로 잘 드러나지 않는 조직의 가치와 규범, 셋째, 잘 보이지 않는 암묵적인 동의와 조직 및 공동의 신념이다.

조직 내의 일상에서 반복되는 의식들과 쉽게 눈에 띄는 상징들은 그 조직의 밑바탕에 있는 규범과 가치에 대해 무엇을 말해 주는가? 또 이러한 규범과 가치가 분명해진다면, 그 조직의 신념과 암묵적인 동의는 조직의 행동 양식에 어떠한 영향을 미치는가? 문화를 빙하에 비유하는 샤인 교수의 모델은 수면 깊숙한 곳에 존재하는 깊은 단계의 문화(신념과 암묵적 동의)가 어떻게 수면 위에 노출되는 문화(상징 또는 외부적 의식)에 영향을 미치는지 이해할 수 있도록 해준다.

최근 많은 조직들이 발전시키고 공표하는 조직의 '핵심 가치'는 바로 암묵적이었던 조직의 문화를 표현하려는 노력의 산물이다. 조직의 문

---

10 Schein(2004).

문화라는 이름의 빙하

화를 이해하려면 잘 보이는 문화적 상징이나 의식들을 관찰하여 조직의 가치나 규범을 추측하기보다, 조직이 채택한 가치나 규범을 드러내는 행동과 실제로 비교해 보는 것이 더 바람직하다. 조직이 공표하는 가치와 실제 조직의 행동이 일치하지 않는다면, 선언된 가치와 그보다 더 깊고 조직 문화의 근간을 이루는 신념과 암묵적 동의가 일치하지 않은 것이다.

· · ·

정의와 평화 실천 센터CJP는 이스턴 메노나이트 대학교EMU의 교수진과 자문단 등 동종 학문에 종사하는 이들에 의하여 설립 발전되었다. 지난 한 세기 동안 메노나이트 기독교인들은 세계 곳곳에서 국제 개발 및 구호, 회복적 정의 운동 등의 활동을 해왔다. 존 폴 레더락, 버넌 얀치 등의 설립자들은 EMU의 새 프로그램에 매우 긍정적인 주춧돌을 놓았다. 이들은 모든 사람을 위한 정의와 평화에 헌신하라는 예수 그리스도의 부름에 응답하기 위해 국제 분쟁에 대해 깊은 관심을 보여왔다. 그리고 다른 핵심 가치인 '관계'는 이 프로그램의 설립자들이 메노나이트 중앙 위원회Mennonite Central Committee, MCC에서 구호와 국제 개발을 위해 일하면서 터득한 중요한 가치이다.

이러한 사실들이 CJP의 현재 모습과 앞으로의 방향에 커다란 영향을 주었다. '사유하는 실천가'를 양성한다는 핵심 가치와 이상은 CJP를 이끄는 가장 중요한 원칙이 되었다. 이후 CJP와 함께하는 교직원들은 이러한 가치를 이루기 위해 노력해 왔고, 전 세계에 평화의 씨앗을 뿌리기 위해 지금도 끊임없이 노력하고 있다.

이와 같은 공통의 목적은 직원들을 함께 묶어주는 원동력이 되었고, CJP는 강하고 응집력 있는 문화를 가지게 되었다. CJP를 방문하는 이들과 CJP에서 공부하는 학생들은 종종 이곳에서 환대와 돌봄의 공동체를 만난다. 이곳에서는 사람과 사람의 관계를 매우 중요하게 여기고 학생들은 아주 특별한 보살핌과 격려를 받는다. CJP에 새로 온 이들은 이러한 환대의 상징으로 포틀럭(여러 사람들이 각자 음식을 준비해 와서 함께 모여 나누어 먹는 식사—옮긴이)을 꼽는다. 또한, 언제나 학생들을 향해 개방되어 있는 학장실의 문과, 소박하지만 학생들 사이에서 꽤 인기가 많은 사무실 앞의 사탕 바구니도 대표적인 환대의 상징이다.

이 프로그램에 참가하는 학생들과 참가자들은 종종 심각한 폭력에 노출된 피해자 또는 폭력의 목격자이다. 우리는 이들이 함께 학습하고 서로가 서로에게 배우면서 한숨 돌릴 수 있는 공간을 얼마나 절실히 필요로 하는지 잘 알고 있다. 우리 조직처럼 응집력이 강한 조직이 빠지기 쉬운 함정은 조직이 위험을 전혀 감수하지 않으려 하거나 오로지 조직의 성공에 맹목적으로 매달리는 것이다. 성공적인 지도자는 이 두 가지 극단 사이에서 조직을 현명하게 인도해야 한다.

—루스

· · ·

문화는 대체로 소속 구성원들의 유대를 증진시키는 역할을 하며 그들에게 공통의 행동 기준을 제공해 준다. 하지만 조직 문화는 항상 긍정적이지도 않고 항상 부정적이지도 않다. 조직이 그 존재 목적을 이루려는 것을 방해하거나 공통의 목적으로부터 주의를 돌리게 만드는 다른 문화 형태가 조직 내에 생길 때, 조직의 문화는 해악을 끼치는 존재가 된다. 군사 조직 내에서 남성 중심의 문화는 여군들에게 그다지 긍정적이지 않다.

대학교는 대단히 강한 하위문화를 가지고 있는 것으로 잘 알려져 있는데, 학과별로 독특한 문화를 가지고 있지만 좀처럼 연대하지 못하는 특성도 가지고 있다. 조직의 문화는 의식적인 단계와 무의식적인 단계에 모두 영향을 미친다. 새로 들어온 조직원은 새로운 조직의 문화를 익힐 때 지뢰밭을 걸어가는 듯한 어려움을 느낄 수 있다. 이미 오랫동안 그 조직에 몸담고 있어서 이미 익숙해진 기존 구성원들은 새로운 구성원들이 조직에 적응하면서 가지게 되는 의문점과 혼란들을 이해하지 못할 수도 있다.

> 조직 문화는 항상 긍정적이지도 않고 항상 부정적이지도 않다.

조직 문화 또는 그 하위문화가 단체를 긍정적으로 이끄는 자산이라기보다는 정체시키는 부담으로 작용할 때, 조직의 지도자는 '조직 문화의 혁신(변화)'을 꾀하려 할 것이다. 많은 지도자가 이 변화가 벅차고 어려우며 너무 많은 시간이 필요하다고 토로한다. 문화란 집단의 산물이기 때문에 전체 집단이 똘똘 뭉쳐서 지도자가 시도하려는 변화에 저항할 것이다. 예외 없이 모든 중대한 조직 혁신에서 나타나듯 그들의 업무 성과는 '중립 지대'[11]라는 변화의 과정으로 발전하기까지 일정 기간

---

11 윌리엄 브리지스(William Bridges)의 《변화 경영 Managing Transitions: Making the Most of Change》을 참조하라(Cambridge, MA: Da Capo, 2003). (중립 지대란 과거의 정체성과 현재의 정체성의 혼돈을 경험하는 시기를 말한다.—옮긴이)

악화될 것이다.

문화 혁신에 관한 연구와 지도자와 컨설턴트로서 일하면서 얻은 현장 경험을 통해 우리는 성공적인 조직 문화 혁신을 이끄는 몇 가지 원칙을 도출해냈다.

1. 먼저 문화를 배우라.

우리는 지도자 스스로가 이해하지도, 존중하지도 않는 조직의 문화를 바꾸려고 시도하는 경우를 많이 보았다. 일반적으로 조직의 문화를 이해하는 것에만 최소한 몇 년이 소요된다. 그리고 누구든 첫해에 조직의 문화를 바꾸려는 시도는 대부분 큰 실패로 귀결된다.

2. 문화의 강점과 약점을 명명하라.

몇몇 12단계(알코올 중독자 지원 모임(Alcoholics Anonymous)의 과정에서 시작된 중독 회복의 방법론-옮긴이) 변화 프로그램들의 대표적 문구는 "우리가 이름을 붙이지 못하는 것은 변화시킬 수 없다."라는 말이다. 이것은 조직 문화의 혁신에도 똑같이 적용된다. 조직의 문화를 잘 이해한 지도자는 암묵적이었던 문화를 외부로 보여줌으로써 더 이상 조직에 도움이 되지 않는 일면을 환히 드러낼 수 있다. 이것은 문화 혁신이라고 직접적으로 명명하는 대신에 대화와 질문의 방법을 통해 더 잘 성취할 수 있을 것이다.

3. 함께 문화를 바꿀 수 있는 연합 팀을 구성하라.

어느 누구도 문화를 혼자서 바꿀 수는 없다. 마하트마 간디, 마틴 루서 킹 Martin Luther King 같은 카리스마 넘치고 능력 있는 지도자조차 나라 전체의 문화를 바꾸기 위해서는 강력한 대중 운동이 필요하다는 것을 잘 알고 있었다. 문화를 바꾸려 하는 탁월한 지도자들은 단체 내에서 그와 뜻을 함께하는 이들과 한편에 선다.

4. 즉각적이기보다는 점진적으로 문화의 혁신을 위해 노력하라.

얼마만큼 변화가 필요하든 간에 급진적이고 갑작스럽게 문화를 변화시키려 하는 시도는 대부분 실패로 돌아간다.

5. 당신이 이루려는 혁신을 몸소 실천하라.

문화를 혁신시키기 위해서는 무엇보다도 지도자 스스로가 자신의 행동을 통해 추구하는 변화의 모델이 되는 것이 중요하다. 간단히 말해서, 조직의 문화는 지도자가 바뀔 때 비로소 바뀔 수 있다. 왜냐하면, 지도자는 어느 조직에서나 그 조직의 분위기를 확립하기 때문이다. 이 격언은 공식적인 자리에 앉아 있는 지도자는 물론 어느 조직에나 존재하는 비공식적인 지도자에게도 해당한다. [12]

---

[12] 이것은 조직의 지도력에 대한 구조론적 접근의 전통적인 모순의 대표적인 예이다. 조직의 구성원은 지도자들이 실제 능력보다 문화를 바꿀 수 있는 더 큰 영향력이 있다고 믿는 경향이 있다. 동시에, 지도자가 지향하는 행동을 몸소 실천한다면, 그것은 명령하고 지시하는 것보다 더 큰 영향력을 미친다.

조직은 구성원들을 연결해 주는 문화(샤인 교수가 말한 '내부적 연합')와, 외부의 환경 변화를 잘 받아들일 수 있는 문화('외부적 적응')를 필요로 한다.[13] 조직의 문화는 임직원들을 한데 엮어주고 조직의 정체성과 의미를 공유할 수 있도록 해준다. 하지만 또한 그것은 굉장히 배타적이고 비생산적인 문화가 될 수도 있다. 이렇게 될 경우, 조직의 지도자는 기존 조직 문화의 건강한 측면을 살리고 부정적인 측면에 대항하는 조직 문화의 혁신을 추진할 필요가 있다. 이러한 변화의 노력은 혁신의 과정에 대한 깊은 이해를 동반할 때 성공하기가 더 쉽다.

• • •

동료와 나는 어느 영적 선각자가 40년 전에 설립한 아쉬람으로부터 컨설팅 부탁을 받았다. 설립자의 사후, 그의 가르침에 깊은 영향을 받은 추종자들은 설립자의 죽음에 크게 충격을 받았고, 이러한 변화로 인해 단체의 정체성을 재점검하고 확인해야 하는 시기를 맞게 되었다. 비록 설립자가 사망 전에 두 명의 후계자를 지명했지만, 한 사람은 직위에서 파면되었고 다른 한 사람은 과거 설립자의 지위를 대체함으로써 사람들에게서 오는 넘치는 요구와 기대에 부응해야 한다는 크나큰 도전에 직면해 있었다.

이 조직의 문화는 단체 내에서 개개인의 영적 성장을 강조하던 설립자의 가르침으로부터 생겨났다. 하지만 그것은 또한, 약 40년간 지도자

---

[13] Schein(2004).

혼자만의 권위적인 의사 결정 방식에 영향을 받았다. 능력 있는 지도자 한 사람이 전체 공동체를 위해 중요한 일을 결정하는 방식에서 복수의 지도자가 중요 사항을 공동체와 함께 결정하는 방식으로 변화하기란 대단히 힘든 일이다.

　문화의 전환이 이루어지기 위해서는 공동체가 자신들의 어려움을 인정하고 혁신의 과정을 진행하는 데 동의해야 한다. 아쉬람의 문화 전환을 위해 컨설팅을 시작한 초기부터 우리는 다양한 구성원들로 이루어진 두 특별 위원회를 구성했다. 첫 번째 위원회는 아쉬람의 사명과 정체성을 확인하는 전략 기획을 짜는 모임이었으며 아쉬람의 구성원들을 정치적으로 분열시키는 특정한 신학적 문제들을 다루었다. 두 번째 위원회는 그간 한 사람이 수장을 맡았던 경영 위원회를 실무 책임자가 있는 운영 위원회와 영성 생활 책임자가 있는 영성 위원회로 분리시켜 지도력을 분담하는 새로운 의사 결정 체계를 제안했다.

　이 두 특별 위원회가 업무를 완수하기까지 약 18개월이 소요되었고, 그동안 몇 차례 공동체 모임을 통해 아이디어를 모집하고, 제안된 안건을 논의하고 동의를 끌어냈다. 공동체의 규율과 가치를 되돌아보고 건강한 교류를 증진시키기 위하여 대화할 때 필요한 기본 원칙 또한 확립되었다. 시간이 갈수록 아쉬람의 문화가 바뀌어가는 것이 선명하게 보였다. 또한, 전략 기획과 의사 결정 구조에 관한 특별 위원회에 참여하는 사람들은 더 넓은 공동체 안에서 그들의 믿음과 실천에 관한 난제들에 관해 서로 이야기하기 시작했다.

약 1년간 기복이 심한 변화 과정에 적극적으로 참여했던 아쉬람의 한 핵심 구성원이 나와 동료에게 다음과 같은 내용의 전자우편을 보내 왔다.

"지난 한 해 동안 우리가 얼마나 많은 것을 배웠는지 모릅니다. 우리는 문제에 대한 접근, 서로 간의 교류, 그리고 진행 과정을 예전과 다르게 했습니다. 어찌 된 영문인지 모르지만 우리의 의식 저변에서부터 미세한 변화가 우리 조직과 관계 안에 나타났습니다. 우리는 새로운 방식으로 신뢰를 만들어가기 시작한 느낌을 갖게 되었습니다. 제 생각으로는 자연의 순리대로 충분한 시간을 들여 일을 진행했기에 이 모든 일이 일어날 수 있었습니다. 이러한 변화가 없었다면, 우리가 종이 위에 적은 전략 기획과 새로운 의사 결정 체계에 대한 내용이 무엇이었든 상관없이 의도하던 결과를 얻지는 못했을 것입니다."

— 데이비드

· · ·

위의 사례는 조직 문화의 본질과 문화 혁신을 아주 간명하게 설명해 주고 있다. 문화의 혁신은 '그 모임의 의식의 저변'에서만 이루어지며 지도자들 스스로의 변화에 달려 있다. 외부의 자문단은 문화 혁신이 일어날 수 있는 공간은 제공해 줄 수 있지만, 그 변화 자체를 불러올 힘은 없다. 지도자가 변화할 때 조직은 변화한다. 이상적으로 이러한 변화들은 지도자가 좀 더 건강한 태도와 행동을 다짐하고 이러한 변화의 모델이 될 때 생겨난다. 그러나 때로는 원하는 변화를 가져오기 위해서 지도자의 교체가 필요할 때가 있다. 자기 자신과 자신이 속한 조직을 이해하려고 시간을 들여 노력하는 지도자는 그렇지 않은 지도자에 비해 변화의 주역이 될 가능성이 더 크다.

5장
환경 _ 주어진 여건

　나무와 마찬가지로 모든 조직은 특정한 환경 아래 존재한다. 각기 다른 나무의 종들은 특정한 환경 안에서 자란다. 시간의 흐름을 따라 잘 자라는 나무들은 주변의 변화무쌍한 환경에도 잘 적응해 나간다. 나무가 주변 환경에 잘 적응하면 번창할 것이지만 적응하지 못한다면 결국은 도태되고 만다. 성공적인 조직의 지도자는 수시로 조직이 처한 환경의 변화를 진지하게 점검한다. 변화하는 환경을 수용하지 못하는 조직은 결과적으로 환경에 부적응한 생명체와 같은 결말을 맞게 될 것이다. 즉, 그 조직은 도태되어 사라지고 말 것이다. 이와 마찬가지로 조직이 일시적 유행에 맞추어 지나치게 자주 변화한다면 조직은 그들의 핵심 가치와 사람을 모두 잃어버리고 말 것이다.

환경의 종류

조직을 둘러싸고 있는 환경에는 어떠한 것이 있는가? 이 질문에 대해 조직에 속한 구성원들이 의식적으로 그림을 그려보는 것이 큰 도움이 될 수 있다. 다국적 기업이나 국제기구는 다양한 지리적 환경 안에 존재하며 상충하는 다양한 환경으로 인해 문화적 차이와 갈등에 노출되기 쉽다. 조직을 둘러싼 환경은 다음과 같이 네 가지로 구분할 수 있다.

1. 지리적 환경

단순하게 말해서 모든 조직은 특정한 지리적 환경 안에 자리 잡고 있다. 대부분 기업들은 그들의 고객 또는 의뢰인들이 많이 모이는 특정한 국가나 도시에 본사를 두고 있다. 또한, 온라인상의 조직조차도 흔히 자신들의 중앙 전산 시스템이 있는 곳을 자신들의 주소지라고 말한다. 이와는 다르게 전국적인 단체 또는 국제단체는 복수의 지리적 환경에서 운영된다.

2. 정치·사회적 환경

조직의 정치·사회적 환경은 지리적 위치와 연관이 있으나 그와는 또 다른 성격을 가지고 있다. 예를 들어 캐나다의 대평원부터 캐나다의 동부 해변에 이르기까지, 단지 지리적 환경만 지역에 따라 달라지는 것이 아니라 정치·사회적 환경도 그에 따라 변화한다. 보수적인 정치색을 가지고 있고 총기의 사적 소유를 지지하는 미국 남부 지역에 설립된, 정의와 평화에 가치를 둔 대학은 주변과 정치·사회적으로 긴장 관계를 갖게 되기 쉽다.(저자들이 일하고 있는 이스턴 메노나이트 대학교는 미국 동남부 지역 버지니아 주에 자리 잡고 있다.—옮긴이)

3. 조직이 속한 산업 분야

모든 조직은 그들이 활동하는 특정한 업계 또는 복수의 업계 안에 자리하고 있다. 예를 들어 시내 중심가에 자리 잡은 작은 꽃집은 공동의 이익을 위해 다른 소규모 사업자들과 함께 지역의 상공인 협회의 회원이 될 수 있다. 지역 또는 국가의 대학 위원회로부터 인가를 받기 위해 노력하는 대학은 다른 대학들과 마찬가지로 해당 위원회의 규칙들을 따라야 할 것이다. 비영리 국제 개발 조직은 국제 개발 분야의 이론들과 그동안 이 분야의 조직이 해왔던 일정한 행동 양식과 전통을 따르려 할 것이다.

4. 기술적·경제적 여건

마지막으로, 모든 조직은 특정한 기술적·경제적 환경 아래에서 운영된다. 이러한 환경은 초국가적(예를 들어 유럽연합의 국가들)이거나, 국가적(예를 들어 나이지리아)이거나 지역적(예를 들어 브라질 북부)이다. 어떤 형태라도 시간이 갈수록 변화하는 경제 환경은 조직 운영에 커다란 영향을 미친다. 경제가 침체될 때, 비영리 단체는 구호 대상자는 늘어나는 반면에

도와줄 기부자들이 줄어드는 것을 염려하게 된다. 정부 단체들은 세금을 기본으로 하는 필수적인 지원에 대해 염려하게 된다. 영리 기업들은 상품과 서비스에 대한 변덕스러운 수요와 원료와 노동력의 비용 상승에 대해 염려한다.

환경의 영향력

조직을 둘러싼 다양한 환경이 조직의 행동 양식과 조직에 얼마나 큰 영향을 미치는지는 아무리 강조해도 지나치지 않다. 사람이 드문 한적한 시골에 자리 잡은 종교 단체는 아무리 새로운 프로그램을 도입하더라도 교인 수가 늘어나기 어렵다. 공립학교의 경우, 정치·사회적 환경의 대표적인 희생자로 볼 수 있는데, 새로 선출된 교육감이 지난 교육청의 정책을 뒤엎어 버리고 새로운 정책을 입안하기 때문이다. 변화하는 경제적 환경은 멕시코의 소작농과 미국의 곡물 수출업자 모두를 곤경에 빠뜨리곤 한다. 이것은 한국과 일본의 자동차 업체들과 경쟁하는 미국의 대규모 자동차 제조 업계도 마찬가지이다.

조직의 지도자는 위의 네 가지 환경에 일정 정도 영향력을 행사할 수는 있지만 이를 변화시키기에는 한계가 있다. 지도자들은 단지 조직의 지리적 위치를 다른 곳으로 옮기거나 조직의 이익을 대변할 정치인을 선출할 수는 있다. 하지만 일반적으로 볼 때 조직이 외부 환경에 끼치는 영향보다 주변 환경이 조직에 끼치는 영향이 훨씬 더 크다. 다음의 예를 통해 한 대학의 부서에 그 주변 환경이 미치는 다양한 영향력을 생각해 보자.

· · ·

이스턴 메노나이트 대학교EMU의 정의와 평화 실천 센터CJP는 갈등 전환학(평화학) 석사 프로그램 운영을 주목적으로 설립되었다. 설립 당시에 평화학이라는 학문 분야는 상대적으로 매우 새로운 학문이었다. 이 비전에 동의하는 열정 있는 사람들이 많은 대학의 위원회와 관심 있는 외부 사람들과 함께 이 계획을 추진하기까지 긴 시간이 소요되었다.

CJP는 EMU 안에 있고 동시에 미국 남부의 시골이라는 지역적 환경, 급변하는 정치·사회적 환경, 급격하게 늘어나는 평화학 관련 기구들, 그리고 마찬가지로 유동적인 기술적인 환경에 둘러싸여 있었다. CJP는 이러한 각각의 외부 환경을 받아들이도록 요구받았으며 이러한 환경에 적응하기 위해 많은 노력을 기울였다.

CJP 실천 기구의 활동 중 하나는 '화해를 위한 초대Coming to the Table'이다. 이 프로그램의 목적은 과거 노예와 노예 소유주의 후손들을 한자리에 모이게 하여 서로의 공통점을 찾아보고 관계를 증진시키는 것이다. 이 프로그램이 추진하는 궁극적인 목적은 정의와 관계의 회복이지만, 그 장기적 목표를 이루기 위해 그저 첫걸음을 뗀 단계이다. 만약 CJP가 미국 동남부 버지니아 주의 북서부가 아니라 그 위쪽인 펜실베이니아 주의 남중부에 있었다면 아마도 '화해를 위한 초대' 모임은 시작조차 되지 못했을 것이다. 실제로 EMU 임직원들의 선조들 중 몇몇이 노예 소유주인 것을 보면 EMU가 노예제를 시행하던 미국 남부에 자리 잡았음을 실감하게 된다.

CJP의 가장 극적인 정치·사회적 환경의 변화는 미국의 2001년 9·11 사태와 함께 시작되었다. CJP의 초창기인 약 7년간(1994년부터 1997년까지) CJP의 프로그램은 국제 평화 문제에 주로 초점을 맞추어 운영되었다. 2001년 9월에는 교수진의 국제 평화 활동을 도울 수 있는 실천 부서를 신설했다. 하지만 9·11 사태로 인해 우리의 중점 과제도 바뀌게 되었다. 미국에서 트라우마를 겪는 피해자들의 회복을 위한 연구 용역과 수백만 달러의 지원금은 STAR(Strategies for Trauma Awareness and Recovery, 트라우마의 인식과 회복을 위한 전략) 프로그램의 발전과 폭발적 성장을 이끌었다.

평화와 갈등에 관한 연구의 '황금기'는 1990년대에 시작되어 새로운 천 년(2000년대)이 시작될 때까지 계속되었다. 1994년에 설립된 이래로 CJP는 평화와 갈등에 관한 학문적 연구의 '원조'로 평가받아 왔다. 하지만 곧 다른 프로그램들이 활성화되었고 미국과 캐나다 학생들이 그들의 나라나 지역을 떠나지 않고도 평화학을 공부할 수 있는 기회가 마련되었다. CJP는 풀브라이트 장학 프로그램과 같은 새로운 학생 후보군을 발굴하거나 평화학 분야에서 우리만의 독특한 장점을 강조함으로써 새로운 현실에 적응해야 했다.

CJP가 설립되었던 1994년에는 가정용 컴퓨터가 이미 일반화되었지만 인터넷은 사람들끼리 교류하고 쇼핑을 하거나 학위를 받는 데에 이

제 막 이용되기 시작하던 때였다. 이러한 기술적 변화는 CJP가 수용하기를 가장 많이 망설였던 분야였다. 우리의 프로그램은 사람과 사람의 직접적인 관계를 강조했기 때문에 온라인 강좌를 서둘러 도입하는 것을 망설였다. 그러나 현재는 미래 전략의 하나로 CJP는 융합 방식의 프로그램 도입 가능성을 검토하기로 했다. 융합 방식이란 교수와 학생이 핵심적인 강의를 함께 들은 뒤에 온라인상에서 토론하고 과제를 제출하는 방식을 말한다.

— 데이비드

· · ·

변화를 수용할 것인가, 아니면 저항할 것인가

환경의 변화에 대해 조직이 궁극적으로 선택할 수 있는 반응에는 두 가지가 있다. 변화를 수용할 것인가, 아니면 저항할 것인가? 둘 중 한 가지 또는 두 가지 다 바람직한 대응일 수 있다. 그리고 많은 조직 내부에는 변화를 추구하는 세력과 안정을 추구하는 세력 두 가지 모두가 존재한다. 조직의 변화는 대개 환경의 변화에 적응하려는 노력의 하나로 이루어진다. 일반적으로 모든 것이 잘 될 때는 변화할 이유가 없다. 하지만 시장 점유율이 하락하거나, 학생 지원자 수가 급격히 감소하거나, 후원금이 부족해질 때에 조직은 변화를 생각하기 시작한다.(변화는 다음 장의 주제이다.) 이 장에서 강조하고자 하는 것은, 조직의 지도자가 그 조직을 둘러싼 여러 가지 환경을 잘 이해하고, 시간이 지남에 따라 다양한 환경이 어떻게 변화하는지 지속해서 관찰해야 한다는 것이다.

전쟁이나 자연재해, 또는 경제적·환경적 위기 등을 제외하고는 환경의 변화는 극적이라기보다는 시간이 지남에 따라 천천히 이루어진다. 그러므로 환경의 변화를 그려볼 때는 5~10년에 걸친 변화를 그려보는 것이 지난 10개월간의 변화를 대상으로 하는 것보다는 더 쉽다. 더불어 각 세대에 따른 변화는 더 쉽게 나타낼 수 있다. 예를 들어 지난 30년간 대학생들의 관심사가 어떻게 변화했는지를 생각해 보라. 우리가 대학생이었던 1970년대에는 학교 전체의 무선 인터넷이 없었기 때문에 기숙사에서 공동으로 쓰던 전자 타자기의 결과물이 어떨지를 고민했다. 또한, 대학에 진학한다는 것은 집에서 전 과목을 온라인으로 수강하는 것이 아니라 집을 떠나 기숙사가 있는 대학으로 떠나는 것이었다. 현재의 대학이 위와 같은 변화를 거부할 수도 있으나 이 변화를 무시하면 그 대학은 결국 도태되고 만다.

조직의 지도자는 반드시 그들이 속한 다양한 환경에 대해 잘 알아야만 한다. 조직이 처한 환경의 영향력 중에서 아마도 가장 중요한 것은 조직이 속한 업계의 변화이다. 파월과 디마지오는 그들의 유명한 모방동조 이론isomorphism을 통해서 조직이 시간이 지날수록 다른 조직과 비슷하게 되도록 만드는 압력들에 대해 언급했다.[14] 그것은 국가로부터

---

14 DiMaggio and Powell(1983).

오는 압력coercive isomorphism, 조직 구성원들이 속해 있는 전문 분야로부터 오는 영향력normative isomorphism, 그리고 조직이 속한 업계로부터 오는 압력mimic isomorphism이다. 이러한 압력은 보이지 않게 이루어지며, 때로는 전혀 인식하지 못한 채 해당 업계의 조직들이 점점 앞서가는 조직들을 닮아간다. 다시 말해, 같은 직업군에 속한 조직은 정부, 전문가 단체, 그리고 경쟁적인 다른 업체들의 압력으로 인해서 시간이 지날수록 점점 비슷해진다.

역동하는 산업계와 신성장 사업 분야에서 조직의 구성과 성향은 굉장히 빠르게 변화한다. 비록 그것은 몇 주나 몇 달 후가 아닌 몇 년 후에야 알아볼 수 있겠지만, 역사적 어느 한 시점의 해당 조직의 '청사진'은 얼마 후 다른 시점의 동일 조직의 것과는 매우 대조적이 될 것이고 이를 비교해 보면 극적인 변화가 있었음을 알 수 있다.

・・・

이 책에서 우리는 조직이 외부적 환경의 영향력을 수용하거나 거부할 수 있다고 말해 왔다. 하지만 때때로 외부적 환경이 대단히 불안정할 때, 지도자들은 네 가지 영역에서 일어나는 환경의 동시 다발적인 압박에 따른 극한 대립을 관리하기에 급급할 수밖에 없다.

다음 사례는 잘 알려진 국제 개발 및 구호 단체가 어느 개발도상국에서 극심한 변화를 겪었던 상황을 기술한 것이다. 이 단체는 이 개발도상국이 해외에 문호를 개방하기 약 50년 전에 활동을 허락받은 최초의 비영리 단체이다. 이 나라의 개발을 도우려는 전 세계 국가들의 협력과 현장의 많은 필요로 인해 이 단체는 급속도로 성장했다. 한때는 이 나라에서 직원이 두 번째로 많은, 약 3000명을 고용한 단체가 될 정도였다. 단체는 다양한 분야를 망라해 진출했고 학교, 보육원, 병원 그리고 수력 발전 댐과 같은 큰 사회 기반 시설의 건설까지 확대되었다. 1970년대와 1980년대 국제 개발 분야는 이처럼 외국인들에 의해 개발되는 대규모 개발 프로젝트의 황금기였다.

이 단체는 다양한 요소들로 인해서 확실한 변화가 필요하게 되었다. 정부는 국제 비정부 기구에 있던 직원들을 국내의 비정부 기구로 옮겨서 국내 비정부 기구 영역을 강화하는 데 도움을 달라고 요구했다. 정치·사회적 환경 또한 새로운 사고의 인식과 함께 그 자체로 커다란 소용돌이 속에 빠져 있었다. 민주화 운동은 점점 확대되는 듯했으나 극심한 혼돈과 폭력적인 갈등이 앞으로 나가지 못하도록 발목을 잡고 있었다.

이때 이 단체가 내놓은 해결책은 직원들이 근무하는 동안 그들이 일했던 같은 분야에 새로운 소규모 국내 비영리 단체들을 설립하도록 돕는 것이었다. 하지만 결과적으로 이 노력은 극심한 혼란을 초래했는데, 이것이야말로 어떻게 좋은 의도로 시작된 최선의 계획들이 격변하는 환경 속에서 무용지물이 되는지를 잘 보여주는 좋은 예이다. 6~8년 사이, 이 단체는 구조 조정을 통해서 직원을 3000여 명에서 200여 명으로 감축했다. 분명한 것은 이 단체가 내부에서 창업하는 비영리 단체의 성공을 위해 많은 노력을 기울였다는 점이다. 그들은 심지어 새로 창업하는 비영리 단체들의 역량, 모금 활동, 회계 능력 등을 높여주기 위한 조직을 따로 만들었다. 이러한 변화들을 서류상으로만 본다면 당사자들 모두에게 이익이 되는 실천적이고도 합리적인 변화였다.

내가 업무의 일환으로 이 나라를 방문했을 때, 이 단체의 총책임자는 물론 이 단체로부터 새로 태어난 비영리 단체의 담당자들과 인터뷰를 진행했다. 구조 조정 과정 뒤에 뒤따르는 분노와 불안 그리고 아픔은 매우 컸다. 새로 만들어진 비영리 단체들은 자주 홀로 서야만 하는 버려진 고아와 같은 느낌을 받았다. 몇몇 이해 당사자, 특히 한때 이 단체에 몸 담았던 선진국 출신 인사들, 특히 정리 해고된 이들은 분노를 삭이지 못하고 있었다. 많은 이들이 다양한 측면에서 이 단체의 인원 감축이 불공정했다고 느꼈다. 그리고 몇몇 국제 후원 단체는 이 변화를 이유로 후원을 중단하기도 했다. 단체의 총책임자와 실무 책임자는 이러한 비난을 감내해야 하는 위치에 있었다. 결과적으로 엄청난 외부의 환경적 압박을 관리하려고 애썼던 총책임자는 그 단체를 떠나야만 했다.

―루스

・・・

모든 조직은 역동적이면서 중첩되어 있는 다양한 환경의 영향 아래에 놓여 있다. 건강한 조직은 이러한 환경을 잘 관찰하고 그들의 사명과 핵심 가치에 따라 필요한 변화들을 수용한다. 건강하지 않은 조직은 두 가지 극단적인 반응을 보이는데, 주위를 둘러싼 환경의 변화들에 눈감고 결국 그러한 환경과 동떨어진 조직이 되든지, 아니면 모든 지나가는 유행들을 적극적으로 수용한 나머지 정체성이 흔들리는 조직이 되는 것이다. 이 두 가지 선택 모두 성공적인 조직이라면 피해야 하는 길이다. 조직의 사명과 비전이 조직이 전략적으로 받아들이려는 환경적 변화와 일치될 때 조직은 더욱더 지속 가능한 미래를 꿈꿀 수 있다.

6장

변화 _ 성장과 쇠퇴

영국의 작가 새뮤얼 존슨Samuel Johnson은 "더 나은 상태로 변화하는 것이라 할지라도 변화는 불편함 없이 이룰 수 없다."라고 말했다. 조직 역시 사람처럼 변화하지 않을 때 오는 고통의 크기가 변화에 수반되는 긴장감과 압박보다 더 클 때에만 변화하려 한다. 결국 조직은 일정한 습관(행동하고 생각하는 방식)을 발전시켜 나가는데, 왜냐하면 그것이 효율적이기 때문이다. 즉, 익숙한 방법으로 반응하는 것이 새로운 방법을 창안하는 것보다 시간과 에너지가 덜 들기 때문이다.

따라서 변화의 노력이 단지 기분에 따라 이루어져서는 안 된다. 조직의 구조 조정을 겪은 사람들은 대부분 갑작스럽고 큰 변화는 비싼 값을 치러야 하고, 너무 많은 긴장감을 촉발하며, 조직을 굉장히 불안정한 상태로 몰아넣기 때문에 꼭 필요한 경우가 아니라면 시도하지 않는 것이 바람직하다고 증언한다. 대체로 점진적인 변화는 혁명적인 변화보다 성공할 확률이 더 높다. 비유하자면, 나무는 시간이 지남에 따라 주위 환경을 수용하고 변화할 수 있지만, 완전히 다른 종으로 변화할 수는 없다.

변화의 관리

조직은 다음의 경우에 때때로 변화와 혁신의 과정을 거쳐야만 한다.
- 외부 환경이 변화할 때(제5장 참조)
- 조직의 설립 목적 또는 사명이 바뀌었을 때(YMCA의 사명이 '저소득층의 주거지 제공'에서 '높은 수준의 보건과 건강 증진 제공'으로 바뀐 것이 좋은 예이다.)
- 조직 구성원들의 일하는 방식(과정)이 바뀌어야 할 때(대개는 기술적인 환경의 변화로 인해 이러한 변화가 촉발된다.)
- 조직의 구조 또는 문화 자체가 해당 조직의 사명을 완수하는 데에 걸림돌이 될 때

간단히 말해서, 지도자가 자신의 조직을 변화와 혁신의 과정으로 주도적으로 이끌어야 할 시기가 있다. 그러한 과정은 기존의 전략 기획 과정(흔히 3년 또는 5년마다 주기적으로 이루어진다.)이 될 수도 있고 공식적인 일정과는 무관하게 이루어질 수도 있다. 조직 경영 관련 문헌들에는 성공

적인 조직 혁신의 기본 요소가 잘 설명되어 있다. 코터와 코언 교수의 8단계 모델처럼 조직 변화를 기획하는 몇 가지 '단계적 모델'이 존재하는데, 이는 공통으로 다음 세 가지 주장을 근거로 한다.[15]

1. 조직의 운명이 달린 긴급한 상황이어서 꼭 필요한 경우가 아니라면 조직은 쉽게 대대적인 변화를 하려 하지 않는다. 때로는 그러한 긴급한 상황에서도 어떤 조직들은 변화를 받아들이지 않고 저항한다.
2. 최고 책임자라도 한 사람의 힘만으로는 조직을 변화시킬 수 없다. 조직의 전 계층을 아우르는 연합이 조직을 변화시키는 데에 필요하다.
3. 성공적인 혁신의 노력은 조직의 소통과 참여의 수준과 깊게 연관되어 있다. 조직의 구성원들은 제안된 혁신안에 대해 알아야 할 뿐만 아니라 그 혁신안을 만들어가는 데 참여할 수 있는 기회가 보장되어야 한다.

조직의 변화에 관한 연구 문헌을 살펴보다 보면, 조직이 대대적인 혁신을 해 나가는 과정에서 더 나아지기 전에 악화되는 모습이 흔히 나타난다는 사실을 발견하게 된다. 슈나이더와 골드와서는 "변화가 일

---

15 Kotter and Cohen(2002).

> 변화가 일어나는 동안, 의도하는 상태로 발전하기 전에 생산성은 반드시 감소한다.

어나는 동안, 의도하는 상태로 발전하기 전에 생산성은 반드시 감소한다. 변화의 관리란 곧 이러한 변화의 과정을 관리하는 것이다."라고 지적했다.[16] 지도자가 변화의 과정 중 부딪치는 조직 내의 저항과 현저히 낮은 생산성, 떨어진 사기로 인해 놀랍도록 많은 조직의 혁신 시도가 좌절되고 만다.

• • •

국제적으로 저명한 갈등 전환 실천가 존 폴 레더락은 1994년에 동료들과 함께 정의와 평화 실천 센터 CJP를 설립했다. 당시에는 갈등 전환 프로그램 Conflict Transformation Program 으로 알려져 있었던 CJP는 초창기 약 7년간, 평면적인 조직 구조와 만장일치 의사 결정 방식으로 운영될 만큼 소규모였다. 경영 팀은 행정의 총책임자와 행정의 세부 사항에 심혈을 기울이는 행정 총괄 부책임자로 구성되었다. 2001년 두 번째 총책임자인 버넌 얀치가 퇴임하고 난 후, CJP는 공동 책임자라는 경영 구조를 도입했다. 내가 행정 담당 공동 책임자가 되었고 교수 중 한 명인 하워드 제어 Howard Zehr 박사가 시간제 공동 책임자가 되었다. 제어 교수는 회복적 사법 정의에 관한 프로그램을 계속 가르치고 있었다. 그때 당시만 해도 협력적 지도력에 의한 조직 운영 방식이 혁신적인 접근이었

---

16 Schneider and Goldwasser (1998).

기 때문에 이사회는 이 조직 운영 모델의 평가를 3년마다 실시하기로 했다.

2004년 가을, 두 명의 공동 책임자는 이사회의 자문을 거쳐서 전체 조직의 구성, 지도자 및 의사 결정 방식 등에 대한 평가가 필요하다고 결정했다. 2001년 CJP는 풀브라이트 갈등 해결 후원 프로그램과 2001년 9·11 사태 이후 트라우마 치유에 관한 세계교회봉사회 Church World Sevice 의 막대한 지원을 받으며 급속하게 성장했다(외부 환경 변화의 예). 우리는 직원과 기금 확보 및 사명의 확장 등 급속한 성장으로 인해 긴장감과 갈등을 경험하기 시작했다. 공동 책임자로서 우리는 전체 구조의 재평가를 통해 미래에 대한 새로운 청사진을 발견하고 우리 안에 있는 긴장감을 해결하고자 했다. 이를 위해 경영 위원회는 구조 평가 위원회를 신설하고 새로 도입한 공동 책임자 제도가 필요한지 그리고 다른 어떤 조직 구성상의 변화가 필요한지 살펴보았다.

2005년 4월, 교수 및 직원들이 모여 각 부서의 자원자들로 위원회를 구성했다. 그 결과 다섯 명의 특별 위원회 위원(교수 두 명, 여름 평화 실천 과정 직원 한 명, 실천 위원회 직원 한 명, 모금 담당 직원 한 명)이 구성되었다. 이 특별 위원회는 같은 해 가을부터 정규적인 모임을 열고 조직 구성에 관한 설문을 작성하고, 설문 결과를 종합하여 실행 위원회에 권고 사항을 제안했다. 설문 조사 결과, 전체 조직 구성과 지도력에 관한 만족도 조사에 다양한 반응이 있었다. 다수의 구성원은 현재 상태에 만족하고 있었지만, 꽤 많은 사람들이 불만족을 나타냈다. 또한, CJP를 구성하고 있는 세 가지 프로그램, 즉 갈등 전환 대학원 과정, 여름 평화 실천 과정, 실천 위원회 간에 힘의 불균형이 존재하는 것으로 나타났다. 특별 위원회는 이러한 사항을 보고서를 통해 지적했다.

특별 위원회 보고서의 권고 사항이 실행 위원회로 전달되자, 전체 조직 내의 긴장과 갈등은 더욱 고조되었다. 구조 평가 위원회의 위원들은 앞으로의 계획과 어떠한 권고 사항을 중점적으로 실행해야 할지에 대해 서로 다른 의견을 갖고 있었다. 모든 것이 변화할 때는 좋아지기에 앞서서 악화된다는 말이 이 상황에 꼭 맞아떨어졌다. 얼마 되지 않아서 우리는 갈등 해결 분야에서 국제적으로 잘 알려진 CJP조차도 갈등의 문제에 관해서 자유롭지 않다는 것을 경험했다. 잠재되어 있던 긴장과 적대감이 프로그램들의 사이에서 드러났고 평상시 친근했던 동료들 사이에서도 터져나왔다. CJP의 분위기는 불안감과 불확실성으로 둘러싸였다.

공동 책임자로서 우리는 이러한 도전적인 상황의 해결에 몰두했다. 다행히 재평가 과정 초기부터 우리는 불안하거나 초조하지 않은 상태로 업무에 임할 수 있었다. 우리는 이 과정을 통해 다음 10여 년을 준비할 수 있는 더 튼튼하고 건강하고 창조적인 조직이 만들어질 것이라는 신념을 가지고 있었다. 우리의 사례는 불안한 상황 속에서 어떻게 하면 지도자가 침착하게 자신들의 기술을 잘 사용하여 필요한 과정을 지속시킬 수 있는지를 보여주는 전형적인 사례이기도 하다.

전체 조직에 최고의 긴장감이 조성되었던 때는 아마도 조직 평가 위원회가 권고 사항을 보내온 첫 주였을 것이다. 공동 책임자 중 다른 한 사람은 전자우편을 통해 공동 책임자 자리를 그만두겠다는 뜻을 알려왔고 적임자를 찾을 때까지 한시적으로 자리에 있겠다고 통보해 왔다. 또 다른 공동 책임자였던 나도 조직 안의 긴장감과 갈등에 따라 큰 영향을 받으리라는 것을 알고 있었다. 그러던 어느 날, CJP의 직원 중 한 명이 다른 동료에게 보낸 냉정한 전자우편을 읽고 난 후, 나는 눈물을 흘리며 불만을 가진 채 사무실을 박차고 나왔다. 그리고 얼마 후 나는 남편의 출장에 동행할 기회를 얻게 되어 함께 다른 주로 잠시 여행을 다녀왔다. 조직이 무너져 가는 것처럼 느껴졌기에 나에게는 상황을 새롭게 볼 수 있는 시각과 힘이 절실히 필요했다. 지금 되돌아보면 CJP가 무너질 정도의 위기는 아니었으나 적어도 당시에는 급속히 조직 전체로 번지는 불안감이 나로서는 벅차게만 느껴졌다.

며칠간의 나의 공백은 그 자체로 조직이 극도의 혼란에 빠져 있다는 결정적인 증거가 되었다. CJP의 가장 오래된 구성원 중 한 명인 나는 사람들 눈에 늘 그 자리에 있고 의지할 수 있는 지도자로 여겨지고 있었다. 이 모든 것을 지켜본 나의 오랜 두 동료는 단체가 공중 분해되지는 않을까 하는 염려에 빠졌다.

다행히 프로그램의 다른 공동 책임자는 수면 아래에 있던 문제점들을 직면하기로 했다. 내가 떠나 있었던 한 주 동안 공동 책임자는 3회에 걸쳐 실행 위원회 모임을 주최했다. 에너지를 충전하고 되돌아온 나는 새로워진 실행 위원회와 함께 당면 문제들을 해결해 나갔다. 교수진 중 한 사람이 앞으로 나서서 특별 위원회가 권고했던 가장 긴급한 필요 중의 하나였던 지도력을 발휘하기로 했다. 아울러 특별 위원회가 제안했던 핵심 권고 사항들이 공동 책임자들과 실행 위원회에서 인준되었다. 실행 위원회는 나머지 핵심 제안 사항들을 실현해 나갈 방안을 모색함으로써 조직 안에서 신뢰와 건강한 환경을 조성해 나가기로 했다. 때때로 우리는 앞으로 나아가기 위해 모두가 함께 어려움을 겪기도 한다.

—루스

· · ·

변화 관리의 원칙

그렇다면 지도자는 어떻게 조직의 건강과 미래를 위해 필요한 변화를 이끌 것인가? 우리 자신과 우리의 조직, 그리고 우리의 환경에 끊임없이 영향을 미치는 변화를 다루기 위하여 지도자는 어떻게 자기 자신과 구성원들을 준비시킬 것인가?

> 변화를 주도하거나 관리하려는 지도자에게 불확실성과 불안감을 잘 관리하는 것은 매우 중요한 일이다.

노동력의 외부 용역 구조 조정이 일상화된 시대이기에, 조직의 구성원들이 변화에 대해 두려워하거나 비판적인 시각을 가지는 것은 자연스러운 일이다. 변화의 폭이 크고 주위 환경이 복잡할 경우, 조직의 구성원들은 심각한 불안감과 불확실성을 경험하게 될 것이다.[17] 이러한 불확실성과 불안감을 잘 관리하는 것이야말로 변화를 주도하거나 관리하려는 지도자에게 반드시 필요한 역량이다. 변화를 성공적으로 관리하는 요령을 다음과 같은 세 가지 원칙으로 요약할 수 있다.

1. 변화를 잘 관리하고 경영하는 것은 자기 자신을 잘 관리하고 경영하는 것에서부터 시작된다.

지도자는 그 조직의 수준을 결정하기 때문에, 지도자가 스스로의 불안감을 잘 관리하는 능력은 다른 어떠한 요소보다도 조직 전체의 불안감 관리에 가장 큰 영향을 미친다. 단체의 구성원들은 지도자의 '말'에 늘 귀 기울이지는 않더라도 지도자의 '행동'은 항상 지켜본다. 만약 일어나는 변화에 대해 지도자가 열린 자세와 유연성을 몸소 보여줌과 동시에 혁신을 추진하는 데 따르는 불확실성까지 정직하게 말할 수 있다면, 조직에 다가올 변화에 대해 두려움을 가지거나 회피할 필요가 없다는 신호를 보내는 것이다.

2. 결코 혼자 변화를 시도하지 말라!

독불장군 식으로 변화를 이끌 수 없다는 것은 모든 연구가 공통으로 주장하는 바이다. 탁월한 지도자 한 사람이 전체 조직의 변화를 성공

---

[17] Duncan(1972).

적으로 이끈다는 이야기는 소설이나 영화 속에서나 가능하다. 현실에서는 지도자가 조직 전체를 아우르는 연대를 이루어야만 계획하는 변화를 이루어낼 수 있다. 그 이름이 '변화 관리 위원회'이든 '조직 전략 특별 팀'이든, '지원 연대'이든, 5~10명의 선발된 자원자들과 그들의 동료들이 현실을 연구하고 제안 사항을 만드는 것이 한 명의 지도자가 하는 것보다 더 오래 지속되는 변화를 만들어낸다.

위에서 말한 연대 조직이 있다 하더라도 문제점은 있다. 그중 하나가 조직 전체를 아울러야 하는 만큼 많은 시간이 소비된다는 점이다. 단체의 전략 기획 위원회에서 일했던 사람이라면 누구나 이 말을 쉽게 이해할 수 있을 것이다. 하지만 최고 지도자가 직접 참여하거나 최소한 적극적으로 지지할 경우, 또는 의사 진행에 탁월한 지도력이 존재할 경우, 또는 일정을 미리 계획하고 차례로 진행할 경우, 연대에 따른 변화의 성공률은 눈에 띄게 높아진다. 구성원 전체가 인정하며 조직 전체를 아우르는 연대를 통해서 일정한 시간 내에 현실성 있는 권고 사항을 실행한다면 변화는 충분히 이루어질 수 있다.

반면에 위원회 또는 자문단의 훌륭한 권고들이 관리자의 책상 서랍 안에 먼지와 더불어 쌓여갈 수도 있다. 정보 수집과 정보 분석에 많은 노력을 기울이고, 더 나아가 진지한 숙고를 거쳐 제안서들을 만들었는데도 변화가 이루어지지 않을 수도 있다. 이럴 경우에는 세 번째이자 마지막의 조직 변화의 원칙을 이해할 필요가 있다.

3. 조직은 지도자가 변화할 때 변화한다.

지도력의 변화는 지도자가 떠나고 새로운 지도자가 그 자리를 대신할 때 이루어지곤 한다. 예를 들어 대학 총장이 퇴임한 후에 새로운 총장이 임명되는 경우가 그렇다. 하지만 같은 지도자가 재임하는 기간에도, 그들의 행동이 변화할 때 새로운 변화가 쉽게 일어날 수 있다. 핵심은, 조직의 지도자가 전체 조직 체계를 위해 요구되는 행동의 모범이 되어야 한다는 것이다. 지도자의 행동이 변화하면, 조직의 문화가 바뀌기 시작한다. 트라한트, 버크 그리고 쿤스가 주장한 것처럼 "조직의 문화를 바꾸기 원한다면, 먼저 사람들의 행동부터 바꿔야 한다."[18] 그리고 조직이 변화를 일으키기를 바란다면 첫 번째로 행동을 변화시켜야 할 사람은 바로 조직의 지도자이다.

위에서 살펴본 조직 변화의 원칙들은 "변화를 보기 원하면, 바로 그대가 변화의 본이 되어라."라는 간디의 격언을 다시금 떠올리게 한다. 거대한 사회의 어느 한 개인에 대해서라면 달리 반박할 수도 있겠지만, 조직의 지도자에게는 아주 잘 들어맞는 말이다. 다시 말해 지도자는 해당 조직에서 추구하는 이상적인 행동, 교류 그리고 변화들의 모델이 되어야 한다. 만약 지도자가 조직의 모든 구성원들이 자신의 행동에 책임을 지는 태도를 갖기 원한다면, 지도자는 그것이 어떠한 모

---

[18] Trahant, Burke, and Koonce(1997).

습인지 행동으로 보여주어야 한다. 또한 지도자가 조직의 의사 결정이 조직의 맨 아래까지 영향을 미치기 원한다면, 지도자는 조직의 구조와 구성원의 권한의 위임 방식 모두를 바꿔야 한다. 지도자가 변화할 때 비로소 조직이 변화한다.

· · ·

어느 명망 높은 비정부 기구에서 새로운 한 해를 준비하기 위해 '긍정적 연구 조사 과정 appreciative inquiry process'을 실시하기로 했다.[19] 직원들은 이 새로운 의사 결정 과정 도입을 상당히 흥미롭게 생각했다. 이전까지 말단 직원들은 조직의 방향이나 중점 과제를 선정하는 과정에서 소외되어 있었다. 조직의 지도자들은 외부의 전문가를 초빙하여 이 '긍정적 연구 조사'를 진행함으로써 관리자가 아닌 구성원들의 소외감을 줄이고자 했다.

조직의 지도자들은 많은 비용과 시간을 들여 교육 과정을 준비했고, 이틀 동안의 과정에 모든 임직원을 참여하도록 독려했다. 직원들은 이틀 동안 열정을 가지고 참여하면서 많은 영감을 받았으며 여러 방면에서 새로운 생각들을 도출해냈다. 그리고 이 과정을 통해 직원들은 조직 전체의 새롭고 신선한 새 출발을 기대하며 몇 가지 권고 사항을 준비하여 단체의 의사 결정 책임자들에게 전달했다.

---

[19] 긍정적 조사 연구 과정은 여러 쟁점들을 정의하고 이를 혁신해 나아가기 위한 과정이다. 이 방법론은 문제점이나 미래에 직면할 어려움만 다루는 것이 아니라 집단의 강점을 인식하고 발전시키는 데 중점을 둔다.

하지만 이 과정 중 핵심적인 결점은 조직의 중요한 의사 결정권자들이 이틀 동안 한 번도 참석하지 않았다는 것이다. 그들은 이 과정을 통해 직원들의 사기를 진작시키고자 했지만, 스스로의 변화와 새로운 사고는 거부했다. 최고 지도자는 몇 가지를 제외하고 대부분의 권고 사항을 묵살했다. 이 과정에 참여했던 직원들의 사기는 곧 곤두박질쳤다. 어떤 직원들은 이 비정부 기구를 떠나 새로운 일터를 찾았다. 나와 이야기를 나누었던 그 조직의 직원은 차라리 조직이 이 이틀간의 과정을 진행하지 말았어야 했다고 말해 주었다. 그녀는 차라리 의사 결정 과정에 참여 기회를 전혀 얻지 못하는 것이 잠깐 동안 참여적 의사 결정을 맛보고 난 후 다시 억압당하는 것보다 더 나았을 것이라고 말했다.

―루스

• • •

이 이야기가 주는 교훈은 명확하다. 즉, 의사 결정 과정의 참여 또는 모범을 보이는 지도자의 행동 중 한 가지만으로는 불충분하다. 진지한 의사 결정 참여와 모범적인 지도력이 제대로 융합되어야만 진정한 의미의 성공적인 변화가 이루어질 수 있다.

7장

갈등 _ 궂은 날씨와 폭풍

    조직이 겪는 갈등은 나무들이 종종 맞닥뜨리게 되는 외부의 궂은 날씨에 비유할 수 있다. 또 한편으로는 건강한 조직이라 하더라도 종종 겪게 되는 내부의 도전에서 갈등이 빚어질 수 있다. 나무가 질병에 걸리거나 썩어갈 때, 건강한 나무는 병에 걸린 부위를 스스로 떨구어내는 등 다양한 방법을 동원하여 자신을 보호한다. 나무의 질병을 진단하는 식물 치료사는 겉으로 보이는 부분뿐만 아니라 뿌리 체계와 나무가 자라나는 환경까지 모두 고려하도록 교육받는다. 건강한 나무는 내외적 도전들을 극복하는 반면에 건강하지 못한 나무는 그 도전들에 굴복하고 만다.

    각각의 갈등마다 고유한 특성이 있긴 하지만, 모든 조직은 갈등을 경험한다. 갈등의 원인은 사소한 것부터 심각한 것까지 매우 다양하다. 예를 들면 대인 관계의 문제에서부터 개인 성향의 차이 그리고 세계화의 영향력까지 천차만별이다. 하지만 분명한 것은 이러한 다양한 갈등을 시간이 해결해 주지는 않는다는 것이다. 최근의 많은 연구에 따르면 경영자들은 업무 시간의 25% 이상을 갈등 관리에 소비하고 있다. 그리고 경험이 많은 경영자들은 조직의 위기 상황일 경우, 갈등을 다루는 데에 모든 에너지를 쏟는다.

우리는 일상적으로 모든 일터에서 일어나는 갈등이 개인 성향의 차이 또는 의사소통의 문제로 인해서 일어난다고 착각하기 쉽다. 하지만 때때로 이 두 가지 외의 다른 이유로 갈등이 발생한다. 지도자들은 관계와 의사소통의 중요성을 간과하지 말아야 하며, 동시에 또 다른 보편적인 원인인 조직의 전체적인 체계에 관심을 기울여야 한다. 이것은 조직의 구조, 문화, 지도력 그리고 주변 환경 모두를 포함한다.

갈등의 요소

제2장에서 언급했듯이 조직의 구조 또한 여러 가지 갈등의 원인 중 하나이다. 첫째, 조직 내의 힘이 지나치게 집중되어 있고 이러한 힘에서 소외된 계층이 힘의 불균형을 바로잡으려 할 때 갈등이 일어난다. 둘째, 조직 구성원의 역할이 제대로 정해져 있지 않을 때, 중복

되고 상반된 권한과 책임은 조직 내에 긴장을 조성하고 갈등으로 비화한다. 셋째, 공식적인 구조와 비공식적인 구조의 충돌로 인해 조직 내에서 누가 진정한 권위를 가지고 있는가에 대한 해석이 분분할 때에도 갈등이 일어나기 쉽다. 조직 내에서 개인 간의 갈등이 반복해서 일어난다면 지도자는 위와 같은 구조적 원인에 관심을 기울여야 한다.

조직의 문화 또한 보이지 않는 갈등의 원인 중 하나이다. 가장 흔한 예로 신입 사원이 서로 소통하지 못하는 경직된 회사의 문화와 맞닥뜨리는 경우를 들 수 있다. 조직 문화는 해당 조직에 가치와 규율을 제공함으로써 무엇이 적합한 행동인지 아닌지 구분할 수 있게 한다. 이에 따라 새로운 구성원과 기존 조직원은 각자 상대방의 행동이 '맞거나 틀린 행동'이라고 규정하려 든다. 만약 지도자가 외부에서 영입된 인물이고 조직 고유의 문화와 상반되게 조직을 이끌려고 한다면, 갈등은 더욱더 격해지기 쉽다.(그리고 외부에서 온 지도자와 내부의 문화가 충돌할 경우에는 대개 내부의 문화가 승리한다.)

마지막으로 조직이 속한 다양한 종류의 환경들은 또 다른 갈등의 요인이 될 수 있다. 대표적으로 대학과 그 대학이 위치한 지역사회 사이의 갈등을 들 수 있다. 비평적 사고와 논쟁을 즐기는 대학의 학문적 문화는 전통적 가치와 조화를 중요시하는 지역사회와 충돌할 가능성이 크다. 또한 종교 단체가 설립한 대학의 경우, 환경적으로 내부에 갈등 요인이 존재한다. 대학을 설립한 교단을 대표하는 종교·문화적 환경과 대부분의 교수들이 수학한 비종교적인 대학들이 포함된 교육계로 대표되는 조직적 환경이 충돌하는 것이다.

갈등 접근 방법

갈등의 원인이 어디에 있든지, 조직 내의 갈등에 관한 연구는 시간이 지남에 따라 갈등을 무시하거나 외면하는 방식부터 갈등을 직면하는 방법을 거쳐 마침내는 갈등을 포용하는 태도로 차츰 발전되어 왔다. 초기의 이론가들은 갈등을 조직의 질병으로 생각하고 멀리하거나 빨리 해결해야 한다고 주장했다. 이후에 갈등을 자연스러운 것으로 보는 학자들이 등장하면서 갈등이 불필요한 것이 아니라 조직에서 필요불가결한 요소라고 인식하기 시작했다. 최근에는 '갈등의 실용성'을 주장하는 학자들을 통해 조직의 지도자들은 갈등을 포용하고 이를 활용하여 조직의 혁신과 의사 결정의 촉매제로 활용해야 한다는 의견이 힘을 얻고 있다. [20]

> 어떤 상황에서는 갈등이라는 냄비를 휘저을 필요가 있다.

조직 내에서 갈등이 긍정적으로 작용하는 '최적의' 시기와 단계가 있다는 것은 조직을 연구하는 학자들

---

[20] Hatch(1997).

의 공통된 의견이다. 조직 내에 갈등이 너무 없다면 때로는 적극적으로 갈등을 격려할 필요가 있고, 때로 갈등이 너무 많다면 이를 진정시킬 필요가 있다. 어떤 경우에는 갈등이라는 냄비를 휘젓는 것이 필요하겠지만, 냄비가 끓어 넘칠 경우에는 갈등을 진정시키는 전략이 필요할 것이다.

갈등의 증폭

종교 단체의 갈등 전문가인 스피드 리스는 단체 내의 갈등 수준을 나타내는 다섯 가지 '갈등의 단계'를 고안해냈다. 이 다섯 가지 갈등의 단계는 갈등이 증폭되는 단계와 마침내 조직을 파괴하는 단계를 잘 설명하고 있다.[21]

제1단계 문제 해결이 가능한 단계: 특별한 사안에 대해 시각차가 존재하는 단계. 대화를 통해 해결할 수 있다

제2단계 의견 대립 단계: 날카롭게 의견이 대립하는 단계. 협상을 통해 해결할 수 있다.

제3단계 적대 단계: 좀 더 개인화된 의견의 불일치 단계. 제3자의 중

---

21 스피드 리스(Speed Leas)의 《교회의 갈등을 극복하는 법 *Moving Your Church Through Conflict*》을 참고하라(Bethesda, MD: The Alban Institute, 1985).

재를 통해 해결할 수 있다.

제4단계 싸움/도망 단계: 조직(단체)을 분열시키는 갈등의 표출 단계. 이 단계의 해결을 위해서는 외부 전문가의 자문이 필요하다.

제5단계 풀기 어려운 갈등 단계: 조직을 분열시키는, 통제하기 어렵고 난해한 갈등 상황. 외부 권위자의 개입이 필요하다.

많은 전문가들의 조언에 따르면 조직의 지도자들은 갈등 초기 단계에 있을 때부터 갈등에 대해 더욱 적극적으로 대처해야 한다. 그리고 갈등이 처음 1, 2단계를 넘어선 경우, 지도자는 조직의 구성원들에게 중재를 통한 해결을 권고할 수 있어야 한다. 조직 안에서 갈등 당사자가 경험하는 갈등 수준이 4단계 또는 5단계에 이르면 서로 너무 첨예하게 대립하기 때문에, 갈등이 증폭되는 것을 예방하기 위한 개입 시기로는 1, 2단계 또는 3단계가 가장 적절하다. 이러한 시도가 실패한다면, 조직의 지도자는 외부 전문가의 도움을 통해 갈등을 관리해야 한다.

. . .

조직 변화에 관한 연구 문헌과 조직의 생애주기에 관한 연구는 조직이 변화하는 시기에 겪게 되는 어려움에 주목하라고 조언한다. 정의와 평화 실천 센터CJP가 설립되고 약 5년이 지난 후에 나는 첫 번째 중요한 변화를 경험하게 되었다. CJP의 설립자이자 영향력이 큰 지도자인 존 폴 레더락 교수가 다른 조직으로 옮겨 간 것이다. 그 당시 레더락 교수는 CJP를 대표하는 인물이었기에 몇몇 구성원들은 그가 떠난 CJP를 상상조차 하지 못했다. 한 학생은 나를 찾아와 설립자가 떠난 후에는 CJP는 더는 존속하지 못할 것이라는 우려를 표시하기도 했다. 하지만 우리는 살아남았고 성공적으로 변화의 시기를 지나왔다. 얼마 뒤 우리는 경험이 많은 여러 교수들을 채용했고 CJP 내에 실천 위원회를 발족시켰다. 우리는 트라우마 치유 프로그램을 통한 정부 지원금 유치와 풀브라이트 장학 프로그램 등의 유치를 통해 성장 동력을 마련했고, 곧이어 CJP는 급속한 성장을 이루어냈다.

CJP의 학문과 실천 영역이 성공적으로 성장하면서 조직 내부의 긴장감도 함께 커졌다. 조직 내 역할의 차이를 두고 긴장감이 형성되었다. CJP의 프로그램이 확장되면서 새로운 직원을 영입했는데, 기대와 달리 기존 구성원의 역량과 별다른 차이점이 없었던 경우도 있었다. 모두가 하고 싶은 역할을 누가 담당할지, 기획 단계에는 누가 참여할지, 누가 인정받는 것이 적절한지, 이런 문제들이 논쟁의 요소가 되었다. 조직을 이끄는 우리 지도자들은 점점 깊어지는 갈등을 인식하고 있었지만 겉으로는 모른 체했다. 결론적으로 갈등 전환의 전문가로서 우리는 우리 내부의 갈등에 대해 더 잘 해결해야 하지 않는가?

하지만 갈등이 끓어 넘쳐서 인간관계에 피해를 입혔고 서로의 중재만으로는 갈등이 해결되지 않았다. 직원 간의 성격 차이에서 비롯된 인간적인 갈등은 더 복잡하게 비화되었는데, 이러한 갈등 상황 근저에는 명확하지 않은 업무 분담과 같은 조직적인 문제가 깔려 있었다. 구성원들의 조직 내 권한과 포용력에 대한 의문들은 CJP 전체가 모두 협력하여 새로운 조직 구조를 만들어내야만 한다는 것을 의미했다.

이 갈등과 관련하여 CJP는 '경청 위원회'를 결성하여 두 이해 당사자를 참여시켰다. 하지만 이 위원회는 성공적이지 못했는데, 이는 갈등이 매우 심각한 단계에 이르러서 당사자들 서로가 사건을 객관적으로 볼 수 없었기 때문이었다. 이에 더하여, 새로운 공동 책임자가 이 갈등 상황의 주요 당사자들을 개별적으로 만나서 그들의 생각을 듣고 또 갈등 해결 전문가들 사이에서 종종 일어나는 갈등에 대해 상담을 해주었다. 하지만 이 두 가지 노력이 갈등을 충분히 해소하거나 방향을 전환시키지는 못했다. CJP의 지도자들은 갈등을 해결하기 위해서 외부의 전문가들의 도움을 받아야 할 시점이라고 생각했다. 우리 내부에 많은 갈등 해결 전문가가 있기는 했지만 너무 많은 사람들이 관여되어 있어서 점점 갈등이 심화되었기 때문이다. 우리는 저명한 전문가를 추천받았으며 이 갈등의 해결을 위해 이틀간의 시간을 투자했다. 전문가는 양측 당사자들과 심층 면담을 진행했으며, 그 다음날 전체 조직을 대상으로 온종일 모임을 가졌다.

그렇다고 해서 즉각적인 갈등의 변화가 나타난 것은 아니었다. 하지만 분위기는 개선되었고 갈등의 당사자들은 적어도 누군가 자신들의 이야기를 경청해 주었음을 느꼈다. 어떤 참가자들은 갈등이 하루빨리 마무리되어 자신의 일에 매진하고 싶어 했다. 외부의 전문가는 의사 결정 방식을 재점검하고 조직을 건강한 방향으로 발전시키며 갈등 당사자들은 물론 전체 CJP 내의 신뢰를 회복할 길을 찾도록 지도자들에게 조언했다. 궁극적으로 이 갈등을 통해 CJP는 몇 년 뒤에 조직 구조를 점검해야 할 동기를 부여받았다.

이 경험을 통해 우리는 전문가의 참여와 최선의 의도에도 불구하고 모든 갈등이 해결되거나 건설적으로 전환되지 않는다는 것을 새삼 깨달았다. 적어도 우리가 생각했던 시간 안에 갈등이 해결되지 않을 수 있다. 그러나 지도자는 이러한 내부적 갈등을 지속해서 점검하고 관리해야 한다. 갈등은 조직 안에서 자연스럽게 일어나는 현상이다. 갈등 전환과 평화 해결을 전문으로 하는 조직에서도 갈등을 피하기는 어렵다. 그러나 모든 것이 어렵게만 느껴지는 상황에서도 유능한 지도자는 조직이 창조적인 전진을 할 수 있도록 돕는다.

―루스

. . .

제3자 조정

갈등을 진단한 결과, 갈등이 심각한 경우(상위 단계)에는 외부의 도움을 구해야 한다. 갈등 관리의 스펙트럼은 이렇게 '외부의 조정'을 통해 완성된다. '갈등 예방' 단계에서 조직의 지도자는 서로 다른 의견들을 환영하고 파괴적인 갈등이 자리 잡지 못하도록 하는 건강한 구조를 건설할 기회를 가져야 한다. 갈등으로부터 건강한 조직은 구성원들의 개별적인 태도뿐만 아니라 조직 내에서 구조적으로 갈등을 관리하는 방법도 중요시한다. 이것은 다른 조직의 행동 양식과 마찬가지로 지도자가 갈등 관리에 관한 바람직한 분위기를 만드는 것과 더불어 시작된다.

갈등을 잘 관리하는 건강한 조직을 바라는 지도자라면 다음의 단계에 유의해야 한다.

1. 나와 다른 의견을 환영하라.

제3장에서도 언급했지만 여기에서 다시 언급하건대, 지도자는 자신의 의견을 분명히 표시하면서도 다른 사람들의 의견 또한 열린 자세로 경청해야 한다. 특히 존중할 만한 반대 의견과 그 의견을 표시한 이들을 조직에서 환영한다는 사실을 분명히 해야 한다. 무엇보다 이 첫 단계가 가장 중요하다.

2. 다양성을 응원하라.

이것은 성별의 다양성 또는 인종의 다양성으로도 해석할 수 있지만, 더 넓은 의미로 다양한 사고와 접근법도 포함한다. 특정한 문제를 해결하기 위해 다양한 부서로 구성된 합동 위원회 Task Force Team는 다양한 생각과 접근법을 활용하기 위한 것으로, 사고의 다양성을 고양시킨다는 측면에서 조직을 더욱 건강하게 만든다.

3. 창조적 사고를 가치 있게 여기고 보상하라.

구성원이 기존의 틀을 벗어나 창조적 사고를 하는 것에 위험을 느끼는 지도자는 교묘한 방식으로 창조적 사고를 조직에서 용인하지 않는다고 공표할 수 있다. 반면에 반대 의견과 논쟁을 기꺼이 받아들이는 지도자는 창조적인 문제 해결 방식을 권장하고 가능하면 이에 대해 보상을 하려 한다. (많은 연구 결과에 따르면 경제적인 보상보다는 공헌을 인정해 주는 것이 가장 좋은 보상 방식으로 나타났다.)

4. 가치를 분명히 하라.

다양성을 응원하고 창조적 접근에 대해 보상하는 것만으로는 갈등으로부터 건강한 조직을 창조하는 데 충분하지 않다. 갈등과 관련하여 건강한 조직을 원하는 지도자는 지속해서 핵심 가치를 개발하고 본보기가 됨으로써 조직의 중심을 강화해 나아가야 한다. 가치와 신념이 분명할 때, 공유하는 원칙을 중심으로 창조성과 다양성이 싹트게 되고 이러한 작용으로 인해 파괴적인 갈등은 줄어든다.

5. 갈등 해결 방법을 개발하라.

건강한 조직은 갈등이 일어날 것을 예상하고 이를 관리할 대책을 미리 세운다. 다행히도 최근 갈등 관리 체계에 관한 문헌들이 많이 출간되고 있다. 건강한 조직을 위한 핵심 원칙은 갈등을 일상의 일부분으로 간주하고 이를 관리할 다양한 길을 제공하는 것이다. (열린 문 정책, 중재,

조정, 옴부즈맨 제도 등을 선택적으로 이용할 수 있다.)

조직론에 관한 문헌들과 우리 스스로의 경험을 통해 볼 때, 조직의 문화는 구조보다 더욱 중요하다. 따라서 우리에게 주어진 더 큰 도전은 지도자가 중재 프로그램이나 옴부즈맨 제도 등을 도입할 수 있다고 해도 과연 지도자가 조직의 갈등에 관한 문화를 바꿀 수 있는가 하는 것이다. 다시 말해서, 갈등 상황에서 과연 조직의 구성원들이 갈등을 피하거나 강압적 수단을 쓰지 않고 이해 기반 갈등 해결 방법을 자연스럽게 선택할 수 있는가 하는 것이다.[22]

· · ·

한 젊은 여성 목사가 교외 지역의 200명 정도 되는 중형 교회에 부임하게 되었다. 그녀는 부목사로 오랫동안 사역해 왔으며 경험이 많은 담임 목사로부터 교회의 문화를 변화시킬 때 그리고 그것을 본을 보일 때는 '느리게 가는 법'이 중요하다는 것을 배웠다. 사역지로 새로 부임한 그녀는 연합과 일치를 대단히 중요시하는 한편 반대 의견이나 의견 불일치를 용납하지 않는 강한 교회 문화와 맞닥뜨렸다. 이 교회에서 의견 불일치가 나타날 경우, 그것은 강한 분노로 표출되어 교회 전체를 갈등의 우려 속에 빠지게 했다.

그녀는 첫 번째로 그 교회의 문화를 배우기로 마음먹었다. 그리고 회

---

[22] 이해 기반 접근 방법이란 상대방의 기본적인 필요와 욕구를 만족시킬 수 있는 '승—승(win-win)'의 해결점을 찾아 나아가는 것이다. 권리 기반 접근 방법이란 당사자의 권리가 침해되었을 때 어떻게 이를 회복할 것인가 하는 것이다. 제기된 갈등과 불만의 성향에 따라 이 두 가지 접근법이 각각 필요한 접근법이 될 수 있다.

중들의 역할과 그 안의 규범들을 이해하려고 노력했다. 그녀는 학부 시절 '인류학'을 전공했던 터라 '참여 관찰자'적 태도를 자연스럽게 익힌 상태였다. 회중에게 질문을 하고 관찰하고 교회의 문화를 배우는 것에 흥미를 느끼는 것은 그녀에게 아주 자연스러운 일이었다.

몇 년이 지나지 않아 그녀는 교회의 성도들에게 존경을 받게 되었으며 변화를 주도할 만한 권리를 존중받게 되었다. 그녀는 먼저 다른 행정 직원들과 함께 이사회와 함께 한 달에 한 번씩 모이는 것에 주력하기로 했다. 그녀는 이사회 위원들과 직원들과 함께 '인간관계 원칙'을 작성했다. 그들은 이 문서에 어떻게 함께 일하기를 원하는지, 반대 의견이나 갈등이 일어나면 어떻게 해결하기를 원하는지 적어놓았다. 무엇보다도 그녀는 다른 사람들이 목사인 자신과 다른 생각을 표현할 수 있도록 격려했고 의견 불일치 속에서도 어떻게 서로를 존중하며 함께하는지에 대해 본을 보였다.

교회 회중의 문화는 느리기는 하지만 차이를 느낄 수 있을 만큼 천천히 변화했다. 한번은 서클 프로세스 방식(원으로 앉아 구성원 모두가 자신의 의견을 말하는 아메리카 원주민의 회의 방식-옮긴이)[23]으로 교회의 대대적인 구조적 혁신안을 논의하고 난 후, 한 오래된 신도가 자신이 경험한 교회의 문화 변화에 대해 이렇게 이야기했다.

"5년 전이었다면 우리는 절대로 이런 방식으로 대화를 하지 못했을

---

[23] 서클 프로세스에 관해 더 알고 싶다면 케이 프라니스(Kay Pranis)의 《서클 프로세스 The Little Book of Circle Processes》(KAP, 춘천, 2012)를 참조하라.

것입니다. 반대하는 사람들은 화가 난 얼굴로 자리에 앉아 침묵하고 있
거나, 분노와 더불어 지도자를 비난했을 것이고 지도자는 방어적이 됐
을 것입니다. 하지만 이번에는 우리는 반대 의견을 가진 이들의 우려
를 환영하고 있고 그들은 올바른 방식으로 다른 의견을 나타내고 있습
니다."

교회의 문화를 배우려는 의지가 있었고, 또 변화를 이끌 만한 권한을
얻었으며, 독자적 지도력이 아닌 공동의 지도력을 행사했기에, 목사는
파괴적인 갈등의 습관을 지닌 교회의 문화를 성공적으로 바꿀 수 있었
다. 그녀가 떠난 이후에도 새로운 습관은 교회의 갈등에 관한 문화로 여
전히 자리 잡고 있다.

―데이비드

· · ·

문화는 행동과 생각이 변화할 때 변화된다. 그리고 지도자의 행동과
생각은 조직에서 가장 중요한 자리를 차지한다. 그러므로 지도자가 다
른 의견을 환영하고, 다양성을 독려하며 창의성을 보상하고, 핵심 가
치를 분명히 밝히고, 건강한 갈등 관리를 위한 구조를 구축하면 그 조직
의 문화에 영향을 미치게 된다. 처음에는 저항을 보일 수도 있지만, 지도
자가 꾸준하게 생각과 행동의 모범을

> 문화를 변화시키기는 쉽지 않으며 때때로 고통이 수반된다. 하지만 그것은 실현 가능한 일이다.

보인다면 시간이 감에 따라 갈등에 관한 문화(갈등에 단체의 관한 규범과 행동

들)는 바뀌어간다.

갈등을 관리하는 것은 자기 자신을 관리하는 것에서부터 시작된다. 당신의 조직에서 갖기 원하는 건강한 갈등 해결 문화를 상상해 보라. 그다음, 그 문화가 이미 조직 안에 자리 잡은 것처럼 행동하라. 문화를 혁신하는 일은 결코 쉽지 않으며 때로는 엄청난 고통이 수반된다. 하지만 그것은 실현 가능한 일이다.

8장
결론

    건강한 나무는 그 주변 환경과 서로 상생하며 자라간다. 이러한 상생을 통하여 뿌리 조직은 안정을 찾고 나무 기둥을 지탱하여 나뭇가지와 나뭇잎, 열매를 지속해서 생산하도록 도와준다. 또한, 건강한 나무는 주위 환경의 변화를 끊임없이 수용한다. 나무는 자신의 건강 상태를 잘 유지함으로써 폭풍과 다른 위험으로부터 자신을 보호한다. 우리는 건강한 조직 역시 건강한 나무와 같은 특성을 갖고 있다고 믿는다. 거친 환경에서 살아남기 위해서 건강한 조직들은 외부 환경의 변화에 주의를 기울일 뿐만 아니라, 조직 내부의 기능들에 관해서도 관심을 기울인다.

    우리는 이 책을 통하여 세 가지 목표를 이루기를 바란다. 첫째, 조직에 대한 구조론적 이해 system view of organization를 이해하기 쉽게 설명하려고 했다. 둘째, 조직에서 일어나는 변화와 갈등을 구조론 관점에서 이해하고, 갈등과 변화가 조직에서 일상적이고 필연적으로 일어나는 현상이라는 것을 우리의 경험을 정직하게 나눔으로써 설명하려고 했다. 마지막으로, 좀 더 정의롭고 건강하며 평화로운 세상을 만드는 길 중 한 가지는 우리가 속한 조직 내에서 이를 실현하는 것이라는 우리의 신념을 이 책을 통하여 나누려고 했다.

또한, 우리는 이 책의 한계이자 아쉬운 점 세 가지를 밝히고자 한다. 이 책은 학자를 중심으로 저술된 책이 아니다. 현장의 지도자들과 관리자들이 쉽게 이해할 수 있도록 도움을 주고자 하는 '정의와 평화 실천 시리즈'의 원래 기획 목적과 한정적인 우리의 경험으로 인해서, 다음과 같은 한계들이 발생했음을 인정한다.

우선, 조직을 이해하는 조직 구조론에는 많은 학술적 저술이 존재하는데, 이 책에서는 그중 극히 일부만을 인용했다. 이 책에서 요약한 조직에 대한 일반 구조론의 관점과 더불어 가족 체계 이론 Family System Theory 은 우리에게 조직 내에서 발생하는 감정을 이해하는 데 커다란 도움을 주고 있다. 이 책에서는 가족 체계 이론에 대해 다루지 않았기 때문에 이에 대해 관심이 있는 독자들은 에드윈 프리드먼 Edwin Friedman 의 명저인 《세대와 세대: 가족 치료와 목회 상담 Generation to Generation》을 탐독하기를 권한다. 책의 내용이 종교 단체를 중심으로 기술되어 있지만 다른 일반 조직에도 적용할 수 있다.

우리 저자들은 모두 상당 기간 조직의 지도자로서 일해 왔다. 하지만 이 조직들은 모두 비영리 단체였다. 그러므로 우리의 경험들은 대부분 비영리 단체의 경험에서 나왔다. 우리는 조직에 관한 이론과 실천은 세 가지 영역(영리 단체, 비영리 단체, 정부 단체)에 모두 적용 가능하다고 믿는다. 하지만 그와 동시에 우리의 경험의 한계가 있음을 밝히는 바이다.

좋든 싫든 우리는 수많은 조직 속에서 살고 있다. 앞에서 이야기했듯, 우리는 대부분 조직(병원)에서 출생해서, 결혼과 같은 생애의 특별한 순간들을 종교 단체와 같은 조직을 통해 경험하며, 죽음의 순간까지 조직(가족 또는 요양원)의 도움을 받는다. 또한, 그 사이에 우리는 생애 대부분의 시간을 교육 단체와 일터에서 보내며, 이 조직들은 우리 인생에 커다란 영향을 미친다. 전쟁, 질병, 빈곤 등에 관한 중대한 결정도 다른 형태의 조직(국제연합, 국회 등)에서 이루어진다. 조직이 우리 인생 전체에 미치는 엄청난 영향력을 생각하면, 학자뿐만 아니라 조직을 이끌어가는 지도자가 조직 이론의 중요성을 잘 알아야 한다고 생각한다.

조직을 연구하는 학자들은 조직이 구조적으로 어떻게 작용하는지, 그리고 조직의 변화와 갈등이 조직의 역학 관계에 어떠한 영향을 미치는지에 대해 연구함으로써 조직 이론의 성립과 발전에 크나큰 공헌을 했다. 이제는 조직의 지도자가 이러한 이해를 실제 조직을 이끄는 데 적용하고 모두가 더 건강하고 생기를 불어넣는 조직을 만들어야 할 때이다.

우리는 우리가 일하고 있는 조직이 좀 더 건강하고 평화로우며 정의로워질수록, 그 속에서 살아가는 사람들과 가족들의 삶 또한 그렇게 될 수 있다고 믿는다. 그리고 개인과 가족들이 변화하면 그들이 속한 지역 공동체와 다른 조직들도 변화될 것이다. 이러한 변화는 우리의 사회 전반에 걸쳐 영향을 미칠 수 있다.

다시 말해 세상을 바꾸는 가장 효과적인 방법 중의 하나는 조직을 변화시키는 것이다. 이 일을 우리와 함께하도록 독자 여러분을 초대한다.

참고도서

Collins, Jim (2001). *Good to Great: Why Some Companies Make the Leap... and Others Don't*. New York: HarperBusiness.

DiMaggio, Paul J. and Walter W. Powell (1983). "The Iron Cage Revisited: Institutional Isomorphism and Collective Rationality in Organizational Fields," *American Sociological Review* 48:147−160.

Duncan, S. (1972). "Some Signals and Rules for Taking Speaking Turns in Conversation," *Journal of Personality and Social Psychology* 23(2), pp. 283−293.

Greiner, Larry E. (1972). "Evolution and Revolution as Organizations Grow," *Harvard Business Review* 15(4).

Hatch, Mary Jo. (1997). *Organization Theory: Modern, Symbolic, and Postmodern Perspectives*. Oxford: Oxford University Press.

Kotter, John P. and Dan S. Cohen (2002). *The Heart of Change: Real−Life Stories of How People Change Their Organizations*. Boston: Harvard Business School Press.

Schein, Edgar H. (2004). *Organizational Culture and Leadership* (3rd Edition). San Francisco: John Wiley and Sons.

Schneider, D. M., and C. Goldwasser (1998). "Be a Model Leader of Change," *Management Review* 87 (3): 41−45.

Trahant, B., Burke, W.W., and Koonce, R. (1997). "12 Principles of Organizational Transformation," *Management Review*, Sept 1997 v86 n8 p.17 (5). American Management Association.

Weber, Max ([1947]1964). *The Theory of Social and Economic Organization*. New York: The Free Press.

KAP의 책들

정의와 평화 실천 시리즈

01 학교현장을 위한 회복적 학생생활교육

이 책은 생활교육의 오랜 관성에 대해 근본적인 의문을 제기한다. 잘못된 행동을 법과 규칙이라는 비인격적인 처리에 맡겨 버리고 마땅히 주변 사람들이 공동체적으로 개입하고 함께 문제를 해결해 가며 서로의 마음을 풀어주어야 할 책임을 회피하고 있는 것은 아닌가 하는 문제를 제기하고 있다. 이러한 접근은 그 동안 우리가 한번도 고민해 보지 못한 부분들이기 때문에 우리를 불편하게 만든다. 하지만 이 책이 설명하는 회복적 학생 생활교육의 철학과 원리, 방법들을 따라가다 보면 그 동안 우리의 사고가 얼마나 비인격적 제도주의에 물들어 있었는가 하는 것을 통감하게 된다. 이 책은 학생 생활교육에 대한 새로운 관점을 열어주는 데 부족함이 없다. – 좋은 교사운동 대표 정병오(추천사 중에서)

로레인 수투츠만 암스투츠, 쥬디 H. 뮬렛 지음 / 이재영, 정용진 옮김

02 서클 프로세스 (Circle Processes)

"회복적 정의 운동을 실천하는 현장에서 필요로 하는 것은 바로 회복적 서클을 어떻게 디자인하고 진행할 것인가에 대한 문제이다. 이 책은 그 현실적 필요에 가장 적절히 답을 주는 자료이다. 전 세계적으로 확산되고 있는 회복적 정의 운동의 가장 대표적인 프로그램으로서 서클이 어떻게 적용될 수 있을지 말해주는 이 책을 통해 회복적 정의 운동이 한국에서도 더욱 활발히 확산되기를 기대해본다." – 이재영, 한국 평화교육 훈련원장

케이 프라니스 지음 / 강영실 옮김

정의와 평화 실천 시리즈

03 갈등전환

갈등은 자연스러운 것이고 인간관계 속에서 끊임없이 발생하는 역동성이라는 것을 인식하는 것이 갈등전환이다.
더 나아가 갈등은 건설적인 변화의 잠재력을 지니고 있다. 그렇다고 항상 긍정적인 변화가 일어나는 것은 아니다.
갈등은 상처와 파괴가 악순환 하는 경우가 대부분이다. 하지만 갈등 전환은 갈등 자체를 잠재적 성장의 기폭제로 바라보려는 적극적인 의지의 표현이다. 이것이 핵심이다. – 본문 중에서

존 폴 레더락 지음 / 박지호 옮김

04 트라우마의 이해와 치유

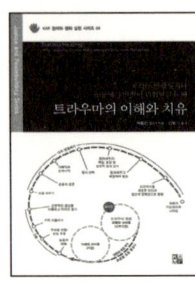

저자 요더는 "이 소책자는 트라우마를 일으키는 때와 사건들이 존재한다는 기본적인 현실과 도전 아래 인간의 정신을 일깨우며 지구촌의 여러 가족들을 일깨우기 위한 것이다. 그러나 이러한 일깨움은 국가의 안전에서부터 인류의 안전에 이르기까지 우리가 갖고 있는 관심의 변화, 근원적 원인들을 정직하게 찾아내며, 우리 자신의 역사는 물론 원수으로 여기는 사람들의 역사를 인정하는 것으로부터 시작되어야 한다."고 말한다. 이 책이야말로 트라우마의 이해와 치유에 도움을 줄 놀라운 접근이다.

캐롤린 요더 지음 / 김복기 옮김

05 피해자 가해자 대화모임

이 책은
- 왜 사람들이 이 대화모임에 참여하려고 하는지
- 어떻게 절차가 작동하는지
- 심각한 사건을 어떻게 다루는지
- 과정에 있어서의 장벽과 유익은 무엇인지 실천적인 문제를 다루고 있다.

로레인 수투츠만 암스투츠 지음 / 한영선 옮김

정의와 평화 실천 시리즈

06 회복적 정의 실현을 위한 사법의 이념과 실천

정의와 사법을 바라보는 시각을 바꾸는 데 선구적인 역할을 한 하워드 제어는 이 책에서 회복적 정의와 사법을 가능하게 하고 유용하게 하기 위한 실천적인 이론과 실무를 제시하고 있다.

하워드 제어 지음 / 조균석, 김성돈, 한영선 외 옮김

07 전략적 평화 세우기

이 책이 설명하는 평화 세우기의 원 개념은 아래로부터 접근을 시도하는 반면, 이후 새롭게 제기된 평화 세우기의 개념은 큰 단체와 국가들이 주도하는 위로부터 접근을 시도한다. 평화 세우기를 공부하고 이에 대해 생각하는 사람이라면 계속되고 있는 논의의 한 편을 이해하기 위해 이 책을 읽어야 한다. 이는 여러 직업을 가진 사람들이 더욱 평화로운 세상과 더욱 정의로운 사회를 만들기 위해 무엇을 할 수 있는지 영감을 주는 책이다. - 추천사 중에서

리사 셔크 지음 / 김가연 옮김

08 공동체를 세우는 대화기술

이 책의 저자인 셔크(Schirch)와 캠트(Campt)는 대화의 원칙을 통해 긴장감을 유발할 수 있는 주제를 다루기 위한 혁신적이고 신선하면서도 희망적인 접근법을 소개한다.
일상의 대화, 공식 회의, 공동체의 모임, 국제회합에서 "대화는 갈등 상황에 놓인 사람들이 안전한 환경에서 서로를 경청하고 그들의 공통점을 확인하고 그들의 차이점을 알아가도록 돕는다."

리사 셔크, 데이비드 캠트 지음 / 진선미 옮김

평화 시리즈

평화와 화해의 새로운 패러다임

이 책은 아프리카를 배경으로 쓰였지만, 평화와 화해에 대한 이해의 폭을 넓힐 뿐 아니라 오늘날의 국내외적 갈등과 분쟁상황에도 매우 유익한 평화와 화해의 기본 안내서가 될 것이다.

히즈키아스 아세파 지음 / 이재영 옮김

초기 그리스도인들이 본 전쟁과 평화

이 책은 비록 작은 책이지만 초기 기독교 지도자들과 교회 공동체가 전쟁과 평화에 대해 어떻게 이해하고 가르쳤는가를 보여주고 있다. 동시에 초기 기독교가 가르쳐 온 평화사상이 4세기 이후 어떻게 변질되었는가에 대한 소중한 가르침을 주고 있다. 서구에서의 평화사상, 혹은 평화운동은 근원적으로 기독교적 배경에서 시원하였다는 점을 고려해볼 때 초기 기독교회의 가르침은 오늘 우리에게 귀중한 가르침을 줄 것이다.

존 드라이버 지음 / 이상규 옮김

평화 시리즈

회복적 정의란 무엇인가?

이 책이 제시하는 주장은 단순하다. "어떤 법이 위반되었는가? 누가 위반하였는가? 어떤 형벌이 마땅한가?" 등 기존 사법제도의 근간이 되는 질문에 초점을 맞추는 이상 진정한 의미에서의 정의를 달성할 수 없다는 것이다. 진정한 정의는 "누가 상처 입었는가? 그들의 요구는 무엇인가? 이것은 누구의 의무이고 책임인가? 이러한 상황에 누가 관여해야 하는가? 어떤 절차를 통하여 해법을 찾을 수 있는가?"와 같은 질문을 요구한다. 범죄에 대한 회복적 접근(회복적 사법)은 우리에게 렌즈뿐 아니라 질문까지 바꿀 것을 요구한다.

하워드 제어 지음 / 손 진 옮김

화해를 향한 여정

이 책은 갈등 해결과 평화사역 분야에서 다년간 활동한 저자가 자신의 경험을 바탕으로 갈등과 화해 신학의 성경적 근거를 밝힌 책이다. 저자는 갈등전환에 관한 최신 이론을 소개하기보다는 현장에서 경험한 사건들을 생생한 이야기로 들려준다. 갈등을 어떻게 바라보아야 하는지, 갈등 상황 속에서 내가 타인을 어떻게 원수로 만들어 버리는지, 반대로 화해의 여정을 통해 비인격적 괴물이었던 원수의 얼굴에서 어떻게 하나님의 형상을 발견할 수 있는지에 대한 깊이있는 통찰을 제시한다.

존 폴 레더락 지음 / 유선금 옮김